孩子我想陪你慢慢长大

姜圆圆

U0274520

插画作者：杨梓琪　13岁

插画作者：杨梓琪　13岁

插画作者：庄梓夏　9 岁

插画作者：庄梓夏　9 岁

好的亲子关系
成就孩子的未来

姜囡囡 —————— 著

清华大学出版社

北京

图书在版编目（CIP）数据

好的亲子关系成就孩子的未来 / 姜囡囡著 . —北京：清华大学出版社，2023.6
ISBN 978-7-302-63743-1

Ⅰ.①好… Ⅱ.①姜… Ⅲ:①亲子关系－家庭教育 Ⅳ.① G78

中国国家版本馆 CIP 数据核字 (2023) 第 095837 号

责任编辑：左玉冰
装帧设计：方加青
责任校对：王荣静
责任印制：沈 露

出版发行：清华大学出版社
　　网　　址：http：//www.tup.com.cn，http：//www.wqbook.com
　　地　　址：北京清华大学学研大厦 A 座　　　　邮　　编：100084
　　社 总 机：010-83470000　　　　　　　　　　邮　　购：010-62786544
　　投稿与读者服务：010-62776969，c-service@tup.tsinghua.edu.cn
　　质 量 反 馈：010-62772015，zhiliang@tup.tsinghua.edu.cn
印 装 者：三河市东方印刷有限公司
经　　销：全国新华书店
开　　本：148mm×210mm　　印　张：7.375　　插 页：2　　字 数：134 千字
版　　次：2023 年 8 月第 1 版　　印　次：2023 年 8 月第 1 次印刷
定　　价：59.00 元

产品编号：101301-01

亲子关系是一切教育的基础

父母对自己的孩子都有着天然的期待，希望孩子长大以后乖巧懂事、活泼聪明、成绩优异、人见人爱……这些期待在孩子尚未出生时就已经存在了。

为了培养出一个事事"完美"、时时"完美"的孩子，满足自己内心的期待，父母开始学习各种育儿方法，为自己也为孩子制定各种关于未来的规划，在心中不断幻想着未来可能出现的美好画面。

从事家庭教育这一行业十多年，我见过许多自认为非常精通亲子教育的父母。有的父母从来不打骂孩子，因为教育专家说"好的教育不能打骂"；有的父母掷重金送孩子上早教班，因为"孩子启蒙要趁早"；还有的父母为了孩子放弃、牺牲自己的一切，不分昼夜地守着孩子，因为"陪伴是教育的基础"。

随着孩子年龄的增长，这些父母发现，事情的发展远远偏离了自己的期待，甚至很多方面与自己原先设想的完全背道而驰。从不打骂孩子，可孩子却一次次顶撞父母；送孩子上了无数个兴趣班、辅导班，孩子依然没有在自驱力、能力等方面展现出过人之处；贴身陪伴在孩子身边，孩子却万分抵触，大喊着让父母走远一点。

在教育孩子的过程中，父母一次次失望，孩子一次次崩溃，为什么？因为在各种所谓"教育真理"的裹挟下，父母肩上扛着的巨大压力和责任，以及对孩子抱有过高的、不符合他们年龄的期待，让父母忘记了亲子关系是一切教育的基础这一事实。

在一切教育之前，亲子关系是最为关键的、能使教育水到渠成的重要因素。也就是说，要想取得教育的成功，父母在教育之前就要考虑到好的亲子关系对亲子教育的重要意义。

没有好的亲子关系，父母无论说什么、做什么，孩子都会选择置若罔闻、视而不见。就像孩子在上学时，如果喜欢某一位老师，就会更愿意花费时间和精力在这位老师所教授的学科上；反之，孩子就会连带着厌恶这位老师所教授的学科。

说到这里，可能很多父母心中的焦虑又不由自主地涌现出来。我想给这些父母"松松绑"，缓解一下他们的教育焦虑。

因为教育这件事情，其实不需要太刻意，它是在良好氛围下悄然发生的，是父母对孩子潜移默化的影响。正如毕加索所说："在和谐中一切都是可能的。"

那么，什么样的亲子关系才是好的亲子关系呢？

根据我多年来帮助数万个家庭解决亲子矛盾的经验来看，我认为好的亲子关系需要满足四个条件：亲密，但不依赖；独立，但不疏离；期待，但不强求；尊重，但不放纵。

为了让父母进一步了解如何达成这四个条件，构建好的亲子关系，我撰写了本书。

初读本书，你可能会觉得其中的内容极具颠覆性和挑战性，仔细阅读过本书的内容之后，你还会发现其中的理念，包括一些和孩子相处的建议并非源于传统的教育方式，甚至有一些观念还和你原先所熟知的方法背道而驰。此时，请不要急着质疑，你可以先尝试着按照书中所提到的方法做一做，或许会收获意想不到的效果。

另外，如果你想找到一本书，可以马上让你和孩子之间的关系变得亲密、和谐，这绝不可能。事实上，没有任何人敢向你保证这一点。

任何关系的构建都是一个循序渐进的过程。父母需要通过生活中的点滴小事，让孩子感受到父母的爱和接纳，从而逐渐建立起彼此之间的信任关系，回归爱与血缘的自然延续，只有这样才能构建好的亲子关系。

以上便是本书要阐述的主要内容。通过阅读本书，你会知道什么样的亲子关系才是最好的亲子关系。同时本书将针对影响亲子关系构建的几大因素进行详细介绍，包括家庭氛围如何构建，父母角色如何定位，亲子之间如何沟通，多孩家庭亲子关系如何平衡，如何正确看待孩子的学业，以及破裂的亲子关系如何修复。具体问题具体分析，对症下药地帮助你解决目前和孩子之间存在的问题，随后釜底抽薪，从根本上构建你与孩子之间的良好关系。

作家毕淑敏女士曾经说过："好的关系，像是一罐新鲜的牛奶，芳香醇厚，极富营养，可以滋养生命从幼小走到壮健。"不同的父母有不同的教养方式，这也就使得每一个家庭的亲子关系都有所不同。纵使亲子关系的模式千千万，其中可以探讨的内容也十分纷繁复杂，但父母和孩子追求的只不过是一个"好"字。

希望通过阅读本书，你能找到和孩子之间最"好"的相处模式，让亲子关系更加良性地发展下去。

姜囡囡

2023 年春

目录

第 2 章　树立一等家风："三法则"

第 7 章 修复亲子关系:"四原则"

第 1 章
决定孩子未来：亲子关系

　　亲子关系是每个人一生中最早建立起来的人际关系，它是一切社会关系的基础。亲子关系的亲密、和谐程度不仅会对孩子的社会认知和社会行为产生影响，而且会对教育的成果产生影响。只有在好的亲子关系下，教育才能发生作用。

1.1 中国式亲子关系图鉴

家庭是每个社会都不可缺少的组成部分，一个国家的家庭氛围不仅能体现其社会文明程度，还能投射出国家文化形态。中国与西方国家在传统思想、经济形态、价值观念等方面的差异，导致了双方家庭观念的不同，进而导致了双方对亲子关系的看法意见不一。

有这样一个故事：一对外国父母和一对中国父母带着各自的孩子在公园里散步，孩子摔倒后，外国父母会站在一旁等着孩子自己爬起来，而中国父母则会马上把孩子抱起来安慰。中国父母的做法遭到外国父母的质疑，许多外国父母表示这样的做法只会让孩子对周围人产生依赖，无法快速成长；而中国父母则认为外国父母的做法对孩子来说过于冷漠，会让孩子心灵受伤。

在这个故事中，两对父母的育儿观念产生了冲突。外国父母在孩子受伤时教会孩子勇敢、独立，中国父母在孩子受伤时选择以满满的爱包裹孩子。这种中西方父母育儿观念的不同，在生活中的很多方面都有所体现。

1.1.1　我很爱你，但我不说

和西方的父母把"我爱你"挂在嘴边不同，大部分中国父母在和孩子聊天时，极少说"我爱你"。中国父母总是习惯性地叮嘱孩子"天冷了，要多加一件衣服""注意饮食健康，平时要少吃外卖，多运动""出门在外，注意安全"等，但是却几乎不会直白地向孩子表达自己的情感，与之相对应，大部分孩子也很少直接对父母表达爱意。

这是中国式亲子关系的一个典型表现——"我很爱你，但我不说"。心理学家称之为"示爱尴尬症"，并不是不爱，只是不擅长表达。

湖南卫视有一档青少年健康成长心理释放表述的真人秀节目，名叫《少年说》，节目主要通过天台喊话的形式倾听少年们的心声。某一期中有一位小女孩令我印象非常深刻，她站上告白天台后深吸了一口气，然后冲着台下抱怨自己从小到大都没有感受过爸爸的爱和陪伴，她说："都说父爱如山，但是我不懂。他们说父爱需要很长时间去理解，但是我从来都没有感受过爸爸的爱。"

镜头转到台下，仍然不见爸爸的身影。妈妈替爸爸解释：

"因为出差，爸爸还是没有能够来到现场。但是爸爸很爱你，只是他不会表达。"妈妈说，爸爸曾因为女儿喜欢漫威的电影，每天晚上睡觉前都要上网查一下漫威的人物图谱，还恶补了很多系列电影，就是为了和女儿有更多的共同语言。爸爸还在女儿 12 岁生日时，抽出被繁忙工作侵占得所剩无几的时间，熬了整整两个通宵，从 1 万多张照片里面选了 800 多张做成了一本成长纪念册。

这就是典型的中国式父母的爱，即使对孩子的爱满得都要溢出来，仍然讲究"含而不露""润物无声"，羞于向孩子表达哪怕一丝一毫的爱意，他们表露出来的爱往往是沉默的、含蓄的、深沉的。

可转念一想，当下的中国文化明明正在发生改变，在很多场合，我们并不再羞于向他人表达感情，对朋友、对爱人、对偶像，都能非常自然且大声地喊出"我爱你"。可是当对象变成了自己的孩子时，这句"我爱你"却怎么也说不出口。

之所以这样，是因为在很多父母的观念里，自己和孩子之间的爱是自然而然的，即便自己不说，孩子也会懂。但事实却并非如此，对于爱，孩子的感知是不够全面的，定义也非常简单，尤其是在孩子很小的时候，他认为只有所有的事情都依着他、顺着他才是爱他，反之就是不爱。所以，如果爱不大声说出来，孩子又怎么会理解呢？

若父母不懂得表达爱意，孩子也会羞于向父母表达自己的感情。因此，作为父母，我们要学会打破原有的认知局限，敢于对孩子表达自己的爱意，为构建好的亲子关系创造良好的感情基础。

1.1.2　我是为你好，你得听我的

"你天生就不是弹钢琴的料。还是应该听我的，去学架子鼓。"

"你才多大？我告诉你，我吃过的盐比你吃过的米都多。不听我的，你就等着吃亏吧。"

"我做这些都是为了谁啊，还不都是为了你好，谁让你不听我的呢？"

大部分中国孩子在成长的过程中，或多或少都听过这些话。几乎所有的父母都深爱着自己的孩子，但并不是所有的父母都能够把握好爱孩子的度。比如，有一些父母因为自己的人生阅历和经验比较丰富，就理所当然地认为自己应该帮助孩子规避掉成长路上的一切障碍，让孩子少走弯路。

出发点是好的，可为什么大多数孩子却无法接受呢？这是因为很多父母在引导孩子时用错了方式，只想行使自己作为父母的"强权"，逼迫孩子按照自己的意愿行事，根本不考

虑孩子的意愿，内心也不相信孩子能做出正确的选择。

有一天接到一位久未联系的同学打来的电话。她给我打电话主要是希望我能够帮她出出主意，她说："是不是孩子到了一定的年龄，父母说什么他都不会听了呀？我孩子现在整天和我作对，我说东他偏要往西。我现在真是分分钟都想把他塞回到我的肚子里去，这样的话我想去哪里就能把他带到哪里，我做什么事情他都不会反抗。"

凭着经验和我对这位同学的了解，我试探性地问她："你是不是对孩子管控太多啦？"她告诉我："孩子还小，什么都不懂，难道不应该事事都管控吗？要是什么都不管，那不成了不负责任啦？再说了，他现在这个年纪哪里知道什么好坏啊，还不都得我帮他鉴别吗？说白了，还不都是为他好，可他为什么就不能理解我的良苦用心呢？"

这样的回答，我并不奇怪。因为在当前的中国式家庭中，有非常多和她相似的父母。这些父母都抱着这样的想法在教育孩子，认为自己帮孩子把所有事情都一一规划好是爱孩子、对孩子负责任的表现。

但这些父母没有想到过多的管控和干涉会严重影响亲子关系，会让孩子越来越疏远自己，甚至会让孩子产生怨恨的心理，让孩子变得不会感受爱、释放爱。

德国著名的心理治疗大师伯特·海灵格曾说过："幸福的

家庭都有一个共同特点，就是家里没有控制欲很强的人。"

在西方很多国家的家庭中，父母极少干预孩子的选择和决定，只要孩子的决定不会给自己带来伤害，父母就鼓励孩子勇敢地去做。在这样的环境中长大，大部分孩子都非常有想法、有主见，更重要的是，孩子和父母之间的关系都很亲密、和谐。

虽然中国当前的社会环境和教育背景不允许父母采用完全的"放养式教育"，但是一味地将自己的意愿强加给孩子也万不可以。父母需要记住，在和孩子沟通的过程中，不要以"我是为你好"的名义控制孩子，这往往会给孩子带来伤害。孩子不是父母的附属品，父母不应该将自己的意愿强加给孩子。

归根结底，这部分父母还是缺失爱的能力，所以他们只有通过控制孩子的行为和思想来向外人证明自己是爱孩子的。事实上，真爱里没有控制，而且在很多时候控制代表了恐惧，当控制成为习惯时，无论父母还是孩子都会陷入一种极度焦虑的状态之中，这对于构建好的亲子关系是非常不利的。

思考片刻后，我对同学说："你之前看过演员黄磊的一段采访吗？他在采访中谈到和女儿的关系时说道：'我从未把她当作孩子，她是一个有思想的人，她有她的秘密、她的想法、她的人生。她不属于我，我们之间是彼此独立的个体，我从不把自己的意志强加于她。如果她不要做一些事情，她就要承担不做的结果，为自己负责。'父母可以为孩子引路，但不能替孩子走路。当父母越界，代替孩子去走路时，两代人的观念就会产生冲突，由此就会使得亲子关系越发恶劣，不利于打造和谐的家庭氛围。"

1.1.3　我可以平凡，你必须完美

在很多西方人眼里，每个人都有自己的人生，没有人需要对别人的人生负责，即便是父母，也无需对自己孩子的人生负责，所以孩子是否完美和自己没有任何关系。

但是在很多中国父母的育儿观念里，即便自己一生平庸，没有多大的成就，也要要求自己的孩子样样都做到完美。

这种期望往往在孩子刚出生时就已经存在了，比如：在婴幼儿时期，父母希望孩子能不哭不闹、大口吃奶、好好睡觉；在青少年时期，父母希望孩子能好好学习、乖巧听话、善解人意；到了成年时期，父母希望孩子能个性独立、事业有成、孝顺父母……

然而很多时候父母的愿望越强烈，事情的发展就越达不到自己的预期，孩子不仅没有在自己的悉心培养下变得更好，反而还会出现各种问题，比如，脾气变得越来越坏，性格变

得越来越孤僻，和父母的关系越来越疏远等。这就叫"事与愿违"。

当孩子没有变成自己眼中的完美小孩时，父母就会责怪孩子不够争气、不够努力，却从来不会在自己身上找原因。

比如：有的父母要求孩子爱学习、勤读书，自己却整天看手机、打游戏；有的父母会因为孩子考试成绩不够理想而大发雷霆，可是却能够轻易原谅自己在工作上犯错；有的父母时常自己都想在上班的日子请假，却会在孩子早上想赖床时气急败坏……

明明自己那么平凡，却要求孩子样样都要做到完美，很显然，这是不可能的。

我曾看过一本法国的儿童绘本，叫《完美的小孩》，故事大意是说有一对夫妻到商店买了一个完美的小孩，他可以自己吃饭、自己睡觉，热爱学习、懂礼貌、不胡闹，可以忍受神经大条、不断犯错的父母。

可是有一天，他实在无法忍受了，因为父母记错了幼儿园的活动日，导致他穿着戏剧服去上学，遭到了同学们的嘲笑。而当他向商店的老板提出自己也想要一对完美的父母时，商店的老板告诉他："别做梦了，这个世界上哪有完美的父母？"

这个世界上不存在完美的人，即便父母对孩子抱有再高的期待也应该明白这一事实。《论语》里说："己所不欲，勿施于人。"父母自己都做不到完美，又凭什么苛求孩子做到事事完美、时时完美呢？

1.1.4 你要什么，我都给你

我曾在一次线下活动中碰到过一对德国夫妇，他们给我留下了特别深刻的印象。当时我正在和其他父母讨论"为什么孩子结婚时，父母要给其准备一套房"的问题，在大家众说纷纭之际，那对夫妇提出疑问："父母为什么要给孩子买房子，孩子的房子不应该由他自己去买吗？"

在场的很多父母听到这话后，纷纷大笑起来，理所当然地表示：父母这一辈子所做的一切都是为了孩子，手上有钱为什么不能给孩子买房呢？

这让我想起中国传媒大学曾制作过的一则动画短片，名叫《巨婴》。作为一部典型的抨击"中国式"家庭教育的动画短片，它折射出了很多家庭在教育下一代时的现状，许多父母也在影片中看到了自己的影子。

影片里男孩的父母对他溺爱到了极点。小时候，男孩只要一喊"妈妈，我想要这个，我想要那个"，父亲就会从钱包里拿钱给母亲，母亲就会去买。总之，孩子提出的一切要求，

父母都会无条件满足。长大后，他手机不离手，所有的事情母亲都会帮他打理好，就连胡子长了，母亲都会帮他刮掉。

有一次，他想要一款 VR 眼镜，此时他的父亲已经去世，母亲靠变卖家产维持生计，已经没有办法再满足他的愿望。可是他不仅不体谅母亲，还为此大发雷霆。无奈之下，母亲掏出了自己的肾脏让儿子去换 VR 眼镜……

从小到大，这对父母对孩子提出的所有要求都有求必应，但是最后并没有换来孩子的感恩。甚至一直在父母的庇护下生活的孩子，离开父母后连最基本的生存能力都不具备。短片的最后，这个孩子钻进了已经去世的妈妈的身体里，非常魔幻却也无比现实。

在现实生活中，和这部动画短片中的父母相似的父母不在少数，我曾经就遇到过这样一位错把溺爱当成爱的父亲。

自从女儿出生后，他便抱着"女儿要富养"的心态和女儿相处，对女儿可谓是百依百顺，女儿提出的任何要求，他都会想尽一切办法去满足。小时候，女儿喜欢逛动物园，他几乎每个周末都会带着女儿去逛动物园；长大后，女儿开始对物质有需求，喜欢名牌衣服、名牌鞋，门店上新一款他就给女儿买一款；后来，女儿开始学习钢琴，尽管有些吃力，但他还是掷重金给女儿买了一架钢琴……

可随着女儿渐渐长大，她想要的东西越来越多，也越来越贵。有一次，女儿提出想要和同学一起报名参加一个出国游学的夏令营，报名费大概需要 10 万元，父亲听完后面露难色，15 年以来第一次拒绝了女儿。

让这位父亲没有想到的是，女儿不仅没有体谅自己的难处，反而开始大声抱怨起来："我同学都去了，就我一个人不去，你有考虑过我的感受吗？我到时候该怎么和同学解释，难道说我们家没钱吗？连这一点小小的需求都不能满足我，你当初干吗要生下我？还不如直接把我扔河里。"

听到这样的话，父亲感到非常震惊，原先乖巧可爱的"小棉袄"怎么突然变成了眼前这样一个暴躁、虚荣的孩子。

有人说应该怪他的女儿不懂感恩，也有人说是因为他自己从一开始就不应该"打肿脸充胖子"，对孩子予取予求。

但归根结底，这都是溺爱种下的苦果。长久的溺爱会给孩子造成一种"自己是宇宙中心，所有人都必须围着自己转"的错觉，只要有一点要求没有被满足就会恼羞成怒，冲着父母大吼大叫。父母要明白，溺爱不是爱，反而是一种伤害，过于溺爱孩子不仅会让孩子变得恃宠而骄、狂妄自大，也会让自己深陷泥潭而无法自拔。

法国教育学家卢梭曾经说过："你知道运用什么方法，一定可以使你的孩子成为不幸的人吗？这个方法就是对他百依百顺。"为了不让孩子成为一个不幸的人，也为了自己不遭到溺爱的反噬，父母应该要分清溺爱和爱的区别，理性地爱孩子。

为了强化父母的认知，帮助父母意识到好的亲子关系对孩子成长的益处，同时发扬中华民族重视家庭教育的优良传统，第十三届全国人民代表大会常务委员会第三十一次会议于 2021 年 10 月 23 日正式通过了《中华人民共和国家庭教育促进法》，引导全社会注重家庭、家教、家风，增进家庭幸福与社会和谐，培养德智体美劳全面发展的社会主义建设者和接班人。

时代在不断发生变化，原先只依靠学校教育教育下一代的时代已经过去，当今时代越来越注重家庭教育。作为新时代的父母，我们首先应该转变教育理念，顺应时代潮流，不断学习先进的教育方法，与此同时保留中华民族历经千年、经久不衰的教育理念，新旧融合，融会贯通，打造亲密、和谐、友爱的亲子关系，促进家庭繁荣。

1.2 亲子关系重要，还是教育重要

前段时间，有一位母亲找到我，她情绪非常低落地问我："我已经尽了自己最大的努力在教育孩子。各种育儿知识我也学习了不少，家里有关教养孩子的书籍都快堆不下了，我也都是按照书上所写的方法在教育孩子，可为什么还有人说我的教育很失败呢？"

孩子不爱学习，沉迷于网络游戏，周围人说是她的教育出现了问题；孩子不够活泼，不愿与人交流，周围人也说是她的教育出现了问题；甚至就连孩子胆小，周围人还是说她的教育出现了问题。

面对这位妈妈的疑问，我告诉她："你的确错了，不过你的错误不在于用错了教育方式，而是错在你忽视了和孩子之间的亲子关系。在亲子关系不够和谐的情况下，不管你说什么，孩子都不会听的。"

父母掌握的各种教育方法和人生经验就如同孩子赖以生存的营养，想要将其输送给孩子需要借助管道，亲子关系在

某种意义上就承担了管道的作用。如果亲子关系不够亲密、和谐，孩子对父母不够信任，这条输送营养的管道就会破洞百出，甚至断裂。

因此，父母想要让教育的作用最大化，就要深刻地意识到好的亲子关系比教育重要一万倍。如果亲子关系不够亲密、和谐，再好的教育方式和人生经验都好像"一拳打在棉花上"，无处着力。

1.2.1　亲子关系先于教育

电影《可爱的你》中有这样一句台词："教育是一个生命影响另一个生命的过程。"可是这种影响力从何而来呢？

从孩子呱呱坠地开始，父母的脑海中便会自然地浮现出两个字——教育。于是父母开始搜集各种资料，学习各种教育方法，从此便走上了漫长的教育之路。

但是我们不得不承认，有一些父母对孩子的教育是失败的，父母说的话总是被孩子当成耳旁风，孩子既不接受父母的教育，也不服从父母的管理。

这是为什么呢？究其根本还是因为这一部分父母过于重视教育而忽视了亲子关系，忘记了"先有关系，才有教育"的事实。

举一个例子，也是当前社会上比较普遍的一种现象。孩子出生后，父母出于各方面的考虑决定把孩子交给爷爷奶奶或者外公外婆照顾，等孩子到了上小学的年纪再将其接到自己的身边。

等孩子长到五六岁，开始和自己生活在一起后，很多父母就会发现孩子身上存在着诸多问题，最普遍的就是和自己不够亲近，其他的还有性格冷漠孤僻、情绪不稳定等。

遇到这种情况，大部分父母的第一选择就是教育，尝试用各种方法帮助孩子改掉身上的坏习惯。在这个过程中，父母可能会批评、训斥甚至打骂孩子，还有可能会采取一些强硬的措施逼迫孩子按照自己所说的方向去改变。

但这不是根本之道，即便父母纠正了孩子的某一个行为，不久之后可能还会有其他的坏习惯暴露出来。从表面上看，父母可以通过纠正教育改掉孩子喜欢大呼小叫的行为，但实际上，孩子内心的真实想法父母是不知道的，也许看似文静的孩子心中也会充满怒气。这种只纠正错误行为的最终结果往往是孩子更加叛逆，整天吵着要回到爷爷奶奶、外公外婆身边，想要逃离父母的"魔爪"。

造成这种情况的原因还是亲子关系不够好，孩子对父母不够信任，所以不愿意听从父母的教育。从小没有和父母生活在一起的孩子，没有感受过来自父母的关爱和陪伴，这时候父母对孩子的批评和训斥在孩子的眼里就是嫌弃，是讨厌，孩子对此当然会选择排斥。

好的关系，永远胜过一切教育，有了好的关系，教育的意义才能够凸显出来。

因此，当发现孩子对自己的教导产生抵触情绪，也非常抗拒和自己亲近时，父母要做的不是一味地指责、埋怨孩子，更不是以父母的身份去压迫孩子，而是应该想办法重建与孩子之间的关系，多和孩子进行亲近有爱的互动，慢慢地把孩子之前丢掉的对父母的信任感和爱找回来。正如英国教育家赫伯特·斯宾塞说："当孩子感到被爱、被信任时，奇迹不久就会出现在你眼前。"

如此，便可以回答开头提出的那个问题了，父母教育孩子的影响力既不来源于父母的权威和期待，也不来源于孩子的成熟和顺从，而是来源于父母和孩子之间建立的好的亲子关系。好的亲子关系，是教育的前提和基础，当亲子关系足够好时，教育自然水到渠成。

1.2.2 亲子关系包含教育

世界上的人际关系有千千万万种，无论构建何种人际关系，都需要我们向外展露自己的价值观、行为准则和爱的能力等。不过和其他人际关系不同的是，在构建亲子关系的过程中，我们不仅需要向孩子呈现自己是什么样的人，还要向孩子传递我们希望在孩子的身上看到什么样的价值观和品质。

几乎所有的父母都希望孩子能够在自己的引导和教育下成为人中龙凤，但是从我多年接触过的成千上万的父母来看，有很多父母是以牺牲亲子关系为代价实现这一点的。

比如，我之前遇到过的一位全职妈妈，因为没有工作，她把全部的心血和精力都放在了孩子身上，给孩子制定了严格的学习、玩耍计划，时间轴更是精确到每分每秒，孩子对此表示强烈抗拒。

然而，孩子只要表现出一丁点儿不满意和抵触情绪，妈妈就会愤怒地瞪着孩子，强制孩子按照自己制订的计划一步步完成所有的事情。妈妈甚至还会告诉孩子，正是因为她的到来，妈妈才失去了工作，只有把她培养得非常优秀，满足所有人的期待，妈妈才能找到自己存在的意义和价值。

妈妈在和孩子相处时，不允许孩子提出任何异议，即便孩子提出非常合理的要求，妈妈也会因为她之前有过并不完美的表现而拒绝她。

在孩子的眼里，妈妈就是一个说一不二甚至极其专制的人，她告诉妈妈，自己非常讨厌妈妈，可妈妈却毫不在意，也没有想过要改变自己的教育方式。久而久之，孩子在和别人相处时也变成了一个霸道、强势的人，不仅没有满足所有人的期待，反而还不被周围的人喜爱，甚至还遭到别人的孤立和嘲讽。

亲子教育和传统意义上的师生教育有所不同。现代师生关系更多的是"言传"，通过"你说我听"的方式向学生传授知识和道理，而家庭教育则会在"言传"的基础上加上"身教"，并且从某种程度上来说，在家庭教育里，"身教"对孩子的影响占更大的比重。比如，在孩子小时候，会下意识地去模仿父母的言行举止，也会用父母对待自己的方式去对待其他人。

所以，父母需要深刻地意识到教育和亲子关系是不可分割、相互交融的两个部分，那些试图把教育从亲子关系中剥离出来的做法是根本行不通的。

总而言之，亲子教育绝不是简单的知识传授和能力培养，更不是粗暴的"你说他做"，而是父母与孩子之间平等的交流和互动，父母通过和孩子分享自己过往的经历和经验，构建亲密、和谐的亲子关系，同时在这个过程中用正确的三观去引导孩子，支持孩子成为更好的自己。

另外，作为父母，我们还要让所有的家庭成员，如爷爷奶奶、外公外婆等都意识到亲子关系之于教育的重要意义。

当家庭成员之间因为某件事情产生分歧甚至发生冲突时，我们要做的不是回避，更不是争吵，而是要在孩子面前展示如何积极地倾听、理性地沟通及文明地表达，要给孩子以积极的示范，这个过程对于孩子来说本身就是一个非常好的学习机会，孩子能从中学习、领悟到很多做人的道理和行事的准则。

换言之，我们要做的是和孩子站在一起打败问题，而不是和问题站在一起打败孩子。这是两个完全不一样的概念，父母需要加以甄别，在教育孩子时仔细应对。

1.2.3　亲子关系大于教育

如果说前文阐述的亲子关系先于教育，以及亲子关系包含教育，是为了强调好的亲子关系是教育的前提和基础的话，那么亲子关系大于教育就是在告诉父母，好的亲子关系本身就是目的，而不只是教育孩子的手段和方法，因为人就是在关系中呈现自我、感受幸福的。

好的亲子关系就是教育的根本。

可能有很多父母无法理解这句话的真正含义，他们只想到要利用自己的一切资源给孩子提供好的教育，为孩子的人生添砖加瓦，却没有想过再华丽的装饰也要建立在足够牢固的地基之上。

地基不扎实的楼房，犹如空中楼阁一般，再华丽也是危房，经不起任何雨打风吹。

所谓地基，其实指的就是父母和孩子之间的关系。正所谓"皮之不存，毛将焉附"，亲子关系已然破裂了，再来谈父母对孩子的教育是否成功，又有何意义呢？

我身边有这样一位朋友，论学识、人品、长相，样样都好，但唯有一件事一直是埋在他心底的一根刺，那便是他和母亲之间的关系。他说："这些年，我做了很多事情，希望得到她的满意，但始终都没有得到过正向的反馈。"

因为从小到大，母亲只关注他的学习成绩，他几乎没有得到过来自母亲的关爱。即便考试考了全班第一名，母亲还是会指责他："还差一分就满分了，这一分是怎么丢的，你后来思考过吗？"至于父亲，更是好像对自己的一切都漠不关心，从来也不会过问自己的情况。

他甚至因为埋在心底的这根刺，不愿意组建新的家庭，因为他不相信别人能给他带来爱和关怀，毕竟自己的母亲都做不到。他也对自己能否给别人带来爱和关怀表示怀疑，索性就一直缩在自己那厚重的壳里。

这位母亲的教育是成功的吗？在外人眼中，可能是的，因为她培养出了一位"成功人士"。但是只有她自己知道，自己的教育是不够成功的，因为她没有教会孩子如何爱与被爱。

孟子曾说过："古者易子而教之，父子之间不责善。责善则离，离则不祥莫大焉。"起初，看到这句话时我还不太理解，这种"易子而教"的做法用现在的话来说难道不就是逃避和不负责任吗？说出"故天将降大任于斯人也，必先苦其心志，劳其筋骨，饿其体肤，空乏其身，行弗乱其所为，所以动心忍性，曾益其所不能"的孟子怎么会有这样的论断呢？

直到从事了教育行业，自己也有了小孩之后，我才真正明白，先贤孟子之所以这样说并不是放弃家庭教育，更不是逃避和不负责任，而是想要强调"亲子关系大于教育"的道理。在孟子看来，父子关系疏远，便是最大的不幸，为了避免这种不幸产生，宁愿将自己的孩子送给别人去教养。

身为父母，我们要知道，在这个世界上几乎所有的关系都可以选择和被选择，唯独亲子关系，既不可以选择，也不可以被选择。

在孩子成长的过程中，父母之外的老师可以有很多，能给予孩子教育和引导的人也有很多，但是对孩子影响最大的还是父母。因为其他人虽然能教给孩子知识、技能、能力，但只有父母能够培养孩子的品格、人性、情感、自尊、自信、格局、眼界等，也只有父母能够给予孩子天底下独一无二的爱，比起知识、技能，这些因素更能决定孩子的将来是否能够成功。

为了让孩子在之后成长的过程中更好地和自己、和他人、和世界相处，父母需要构建好孩子在这个世界上的第一段人际关系，即亲子关系。拥有好的亲子关系，不管是对孩子还是对父母本人，都是一件幸事。

1.3 什么是好的亲子关系

很多父母想要和孩子建立好的亲子关系，却不知道该如何下手。关系过于亲近怕溺爱孩子，过于疏远又怕孩子没有安全感。想要给孩子充分的自由，又怕孩子飞得太高，脱离了自己的掌控，但是如果将什么事都抓在自己手里，孩子又会产生抵触情绪。

父母之所以把握不好这其中的度，最本质的原因是这些父母不知道什么样的亲子关系才是好的亲子关系。

好的亲子关系，有四个原则：亲密，但不依赖；独立，但不疏离；期待，但不强求；尊重，但不放纵。简单来说便是父母要做到对孩子不说教、不否定、不对抗，只引导、只示范、只陪伴。如此，父母才能和孩子共同成长、一起进步。

1.3.1　亲密，但不依赖

生活中，有很多孩子被来自父母的各种"关心"压得喘不过气来，从内心生出对父母的各种抱怨，甚至在言语上嫌弃父母的种种行为。但是每当孩子遭受困难、挫折和打击时，又会忍不住寻求父母的帮助，此时的父母虽然嘴上各种抱怨，却也还是会对孩子伸出援手。

这其实是很多中国式家庭的现状：孩子一边嫌弃一边依赖，父母一边抱怨一边付出。久而久之，孩子对父母的依赖就变成了理所当然，父母对孩子的付出就变成了理所应当，但是双方之间的关系却并没有因为孩子的依赖和父母的付出变得更加亲密、和谐，反而一直处于一种忽远忽近的状态。

几年前，在一次线下活动中，一位妈妈有些焦急地找到我，希望我能给她提供一些帮助。我问她怎么了，她有些不好意思地说："我先生特别宠爱我的女儿，或者可以说是溺爱。所以我女儿特别依赖她爸爸，他们父女俩之间永远有说不完的话和做不完的事。虽说亲密、和谐的亲子关系有利于孩子的成长，但我总是担心这种过于亲密的关系会对我女儿造成一些不好的影响，毕竟女儿已经很大了。"

我问她女儿年龄，她告诉我已经 14 岁了，正在读初二。因为和爸爸的关系非常亲密，很多时候半夜还会抱着自己的枕头来到父母的房间，睡在父母的中间；会要求爸爸帮自己洗头；在沙发上看电视时也会依偎在爸爸的怀里……

她还和我说了很多她女儿和她先生之间相处的细节，这位妈妈告诉我，孩子的父亲对此并没有感到不妥，反而因为女儿的依赖有一种满足感。

听到这里，意识到问题严重性的我非常直接地告诉这位妈妈，她的担心是有道理的，如果对这个问题再不加以干预，真的会给女儿的心理和生理方面都造成严重的后果。

我告诉她回去之后首先要做的事就是帮助女儿树立性别意识，如果自己不知道该怎么和孩子沟通，就应该寻求专业的辅导老师的帮助，必要的话可以让孩子爸爸一起学习；其次，从现在起就要想办法锻炼女儿独立生存的能力，比如，可以让孩子参加一些户外徒步或者户外野营的集体活动。

她说："正好前段时间学校在组织一个两天一晚的野外生存活动。孩子爸爸非常抗拒孩子参加这样的活动，生怕孩子出什么事。如果是这样的话，我现在就回去做先生的工作。"

大概一两个月之后，我收到了一条留言，正是这位妈妈发来的。她告诉我，女儿自从参加了那个户外野营活动之后，变得独立了许多，有一个周末还亲自给她和先生一人煮了一碗面。另外，女儿好像对爸爸的依赖程度也没那么高了，当爸爸提出要帮她做一些事情时，她还会义正词严地拒绝，对爸爸说："我自己可以。"而且，再也没有出现过半夜抱着枕头跑到父母房间的情况。

爸爸在遭到女儿拒绝的同时也看到了女儿的成长，而且在妻子的"教育"下也知道了自己之前的做法其实是错误的，非常不利于孩子的成长。所以，他也在慢慢调整自己和女儿相处的模式，尽量和女儿保持一定的距离。

她说："姜老师，我觉得现在的状态就挺好的。孩子和我们的关系虽然亲密，但是又不会过于依赖，不再像之前那样，遇到什么事情第一反应都是寻求父母的帮助了。还好上次咨询了您，不然等到再过几年，估计情况就更糟了。"

教育专家尹建莉老师曾说过："强烈的母爱不是对孩子恒久的占有，而是一场得体的退出。母爱的第一个任务是和孩子亲密，呵护孩子成长；第二个任务是和孩子分离，促进孩子独立。"

其实不仅是母爱，父爱也是如此。作为父母，我们既要让孩子感受到满满的被爱，又要培养孩子独立生存的能力。所以，即便为了追求亲密、和谐的亲子关系，也要掌握好其中的度，不可让孩子对父母过于依赖。

1.3.2 独立，但不疏离

在我接触过的众多父母中，有很多父母不注重培养孩子的独立性，但同时也有很多非常注重培养孩子独立性的父母。不过，并不是每一对父母都能很好地和孩子保持既亲密又独立的关系。很多父母与孩子要么是亲密得过于依赖，要么是独立得有些疏离。

在一些父母的观念里，越早培养孩子的独立性越有利于孩子的成长，我甚至见过一些孩子刚断奶就和孩子分床睡的父母。可能因为每一对父母自身的成长环境不一样，所以在养育孩子这件事上也会有不一样的看法，对此，我不置可否。

我想强调的是，父母有意识地培养孩子的独立能力无可厚非，但是不能矫枉过正，不能为了让孩子成为一个足够独立的人而疏于和孩子之间的情感交流。这样的话，虽然培养了孩子的独立能力，但会在一定程度上造成孩子情感上的匮乏，让孩子缺乏安全感，既不利于孩子的心理健康，也不利于自己和孩子之间的关系。

提到"独立"，很多父母想到的可能是要让孩子形成"求人不如求己"的意识，让孩子学会自己的事情自己做，不依赖父母，这种想法是正确的。但是在教育孩子的过程中，有一些父母会把孩子想象得过于强大，而且会把独立和疏离等同看待，认为独立就是要离孩子"远"一些，孩子做什么都不要干涉，要让他自己面对一切。

可是，有的父母未免站得太"远"了一些。

就像我身边的一位丁克朋友，她是一位非常独立的女性，独立到很多时候给我一种她在这个世界上只相信自己的感觉。

她的独立其实就来源于父母从小对她的教育，因为生长在农村，父母日常忙于农活，所以她从上小学开始就习惯了一个人上学、放学，也在很小的时候就学会了做饭、做家务。她说："我从小学三年级开始住校，也是从那时候开始我人生中所有的决定都是我自己做的。父母对我来说，只不过是把我带到这个世界上的人罢了……"

也正是因为她从小生长的环境，长大后，她对于周围的人和事物都会下意识地远离，而不是靠近。我曾问过她会不会感到孤独，她说："有时候也会，但是性格有缺陷，所以就这样吧！"

作为旁观者来说，我知道她的父母是爱她的，但是可能由于各种原因疏忽了她的情感需求，最终养育出了一个独立但是情感匮乏的孩子。国际著名的两性和婚姻关系治疗师、导师莎兰·汉考克曾说过："人类的创伤基本都可以归为这两类——亲近需要没有满足的创伤，疏远需要没有满足的创伤。"前一种称为遗弃创伤，后一种称为吞没创伤。

为了不让孩子感到被遗弃或被吞没，父母需做到：不要离孩子太近，让双方找不到自我；但同时也不要离孩子太远，导致双方听不见彼此的声音。

总而言之，由于亲子关系的特殊性，父母在养育孩子的过程中，既要注意培养孩子的独立性，但同时又不能忽略孩子的情感需要，要让孩子在具备独立性的同时感受爱和学会被爱。

1.3.3　期待，但不强求

我曾看过一篇标题为《亲子关系的最高境界：不期待、不依赖》的文章。在看到这则标题的一瞬间，我就想反驳写作这篇文章的作者。

原因是我实在不能同意标题中提到的父母对孩子不要抱有期待的理念。俗话说："可怜天下父母心。"在这个世界上，几乎所有的父母都会对自己的孩子抱有期待。从小的方面讲，父母希望孩子每天能按时起床、好好吃饭、认真学习；从大的方面来讲，望子成龙、望女成凤更是很多父母毕生的心愿。

对孩子抱有期待是作为父母的一种非常正常的心理现象，我们没有必要逃避。不仅不能逃避，而且还要正视它，因为我们不能让这种期待成为孩子成长路上束缚孩子的"枷锁"。

　　简言之，作为父母，我们可以对孩子抱有期待，但是不能强求孩子必须要按照我们的期望去成长，更不能因为孩子没有达到自己的期望就责骂孩子。

　　从事教育行业这么多年，有一位父亲给我的印象特别深刻，他的教育方式我也非常赞同。他曾对我说，他和太太对孩子的期望特别高，但是他们从来都不在孩子面前明确地表露自己的期望，而是给予孩子充分的自主决定权。比如，他们家是晚间上七点吃晚饭，他就会告诉孩子："我们等一下晚间上七点开饭，现在是下午三点，距离吃饭还有四个小时的时间，你还有一部分老师布置的作业没有完成，这个时间足够你完成这部分作业了。但是如果你想要看一会电视的话就得尽快完成，如果还能空出一点时间来练习一下钢琴就更好了，因为明天钢琴老师可能会检查上个星期学习的曲子。"

　　他并不会像其他父母那样，规定孩子必须在哪个时间段内完成，或者必须要做什么事情，但是会为孩子提出安排建议，并且指出这么安排的利害关系，然后将决定权完完全全地交到孩子自己手上。得益于这样的教育方式，他的孩子特别有自觉性，很多事情根本不需要父母的督促就都能完成，亲子之间的关系也因此特别和谐，平常孩子在学校遇到什么好玩的事情都会回来和父母分享。

　　相反，那些经常强求孩子具体要做什么事情的父母反而会遭到孩子的抵触。比如，有的父母为了让孩子赢在起跑线上，不断地给孩子施压，把孩子当成机器人一样，让孩子按照自己设定好的程序行事。一旦孩子没有达到自己的期望，父母就会化身为一台没有感情的机器，对孩子进行各种教育。

久而久之，父母认为孩子不理解自己的良苦用心，而孩子则认为父母伤害了他们的自尊心和自信心。各自抱着这样的想法，父母和孩子之间的关系怎么会亲密、和谐呢？

在心理学上有一个名词叫作"超限效应"，指由于刺激过多、过强和作用时间过久，引起的心理上极不耐烦或反抗的一种心理现象。在教育中，父母如果正面给予孩子过高的期待，不考虑孩子的承受范围，就会引起孩子的逆反心理。

正如北京大学老校长蔡元培先生在辞去校长职务时曾写过这样一句话："杀君马者道旁儿也。"意思是说，杀你马的人就是在一旁给你的马鼓掌的人。正是由于旁人过高的期待，才让骏马跑到超出极限而死亡。

这也告诉父母，在教育孩子的过程中，可以对孩子抱有期待，但要符合实际情况，不可对孩子抱有不符合年龄与能力的期待，更不能对孩子有所强求。

1.3.4　尊重，但不放纵

不知道从什么时候开始，新一代的父母开始崇尚"解放天性、快乐成长"的教育理念，他们不再强迫孩子过早地进入到学习生涯中，也不额外地给孩子安排其他各种各样的学习任务，而是让孩子遵从自己的天性，自由生长。

对于这种现象，我曾和团队中一位年轻妈妈讨论过，她告诉我："因为我小时候，爸爸妈妈对我太严格了，好多想做的事情他们都不让我做。所以在我自己有了小孩之后，我就不过多地干涉他，让他自己做选择。国外的小孩不都是这样养大的吗？适当转变一下教育方式也没什么不好。"

我听完她说的话笑了，因为她的想法和我之前的想法一模一样，女儿刚出生那会儿，我就想着一定要让女儿健康快乐地长大，要让她做自己喜欢做的事情。

这一想法持续了 6 年时间，直到有一天，上小学一年级的女儿回来对我说："妈妈，你之前为什么没有给我报课外艺术班啊？我们班好多同学都可有才了，可是我好像什么都不会。"这句话一下子点醒了我，其实我之前给女儿报过绘画班，但是因为女儿忍受不了日复一日、单调乏味的基本练习，我就暂停了，从此再也没有给她安排过其他的课外学习。

直到那一刻，我才真正意识到尊重天性和放纵个性是有区别的。

人在面对困难的时候，本能的第一反应大都是逃避、退缩，而不是勇往直前。相较于大人而言，小孩子的自制力更差，如果父母在孩子身处逆境时也任由孩子自己选择，那么孩子在成长的过程中就会养成胆小、逃避的性格。相反，如果这个时候父母能够对孩子加以引导，说不定孩子就能够坚持下来，而且还有可能会培养出孩子不怕困难、坚持不懈的精神。

其实，不管是尊重孩子还是放纵孩子，从来都不是一边倒，二者也不是非黑即白。所以，父母在教育孩子时不可简单地将二者对立起来。

举一个例子，一位母亲想让孩子学习钢琴，可孩子对架子鼓感兴趣，母亲权衡之后还是给孩子报了他感兴趣的架子鼓，这是尊重。在之后学习的过程中，孩子时常想要放弃，多次向母亲提出学架子鼓太累，不想学了，虽然母亲心疼孩子，但还是坚定地告诉孩子，自己选择的路就要坚持走下去，这是不放纵。

人民教育出版社特邀顾问顾振彪先生曾说过："懂得尊重自己的人，也会懂得尊重别人，这包括尊重自己的孩子在内。"不过作为父母，我们要明白什么是真正的尊重，对于自控力不强也不知道随意放弃意味着什么的孩子来说，阅尽千帆的父母如果选择没有原则的放纵，在某种意义上而言其实也是不尊重。我们要明白其中的区别，在教育孩子的过程中有的放矢，做到尊而不纵。

所谓亲密和谐的亲子关系并没有特定的标准，每个家庭对于这一问题的答案都会有一定的区别。但有一点是共同的，那便是好的亲子关系可以让父母和孩子共同成长，常言道，儿女与父母之间的一切都是为了彼此成全，使彼此成为更懂爱、更有爱、更会爱、更善于传播爱的人。

1.4 构建好的亲子关系"六边形"

好的亲子关系究竟应该如何构建？为什么许多父母懂得了很多道理，也付出了很多努力，最终的结果依然不如愿？就像这些年在我问到很多父母和孩子之间的关系时，他们总是用"一塌糊涂"来形容。

为了彻底解决父母对这方面的困惑，帮助更多家庭构建好的亲子关系，我把自己这十多年来亲身感悟到的技巧和方法进行总结，结合我在工作上经历的一些实际案例，归纳整理成了构建好的亲子关系"六边形"。

1.4.1 好的亲子关系"六边形"

父母想要构建好的亲子关系，就应该从"六边形"着手，在日常生活中学会和孩子相处的正确方式，以爱为中心，构建好的亲子关系。图 1-1 所示为构建好的亲子关系的"六边形"。

图 1-1　构建好的亲子关系"六边形"

第一，树立一等家风

所谓"原生家庭"指的就是一个人的成长环境。如果一个孩子从小成长在一个阳光积极、健康向上的环境中，那么他的性格也会更加正向积极；相反，如果一个孩子从小成长的环境总是充满了争执、打闹，甚至长期处于一种鸡飞狗跳的状态，那么他的性格也会变得低沉郁闷。

如果孩子的性格积极阳光，构建好的亲子关系这件事就会轻松许多。换言之，如果父母想要构建好的亲子关系，首先应该确保整个家庭的氛围轻松、和谐，因为只有在温暖有爱的家庭环境中长大，孩子们耳濡目染，才能学会友好地对待家庭里的每一位成员，如此家庭里的关系才会更加和睦。

第二，定位父母角色

从事家庭教育工作十多年，我发现很多家庭的亲子关系之所以一直处于摇摇欲坠的状态，主要是因为父母没有弄清楚自己的角色定位。

在面对孩子时，有的父母要么把自己当成是"驯兽师"，把孩子当成一头等待驯服的"野兽"，让孩子敢怒不敢言；要么认为自己是"法官"，必须对孩子的一切行为作出评判，否则就是对孩子不负责任，他们把对错划分得十分清楚，却唯独忽略了孩子需要的是爱；要么认为自己是"超人"，可以为孩子做一切事情，他们习惯了伪装自己，忘记了孩子需要的是有血有肉的父母。

父母将自己定义成上述任何一种角色，都没有办法更好地和孩子建立情感的联结。想要让彼此之间的爱流动起来，父母应该找准自己的定位，在亲子关系中有的放矢地和孩子相处，该亲近时亲近，该给孩子空间时给予孩子独有的空间。

第三，学会亲子沟通

良好且持续的沟通是保持好的亲子关系的前提和基础。即便父母通过学习，学会了创建温暖有爱的家庭氛围，也找准了自己在亲子关系中的角色定位，但是如果学不会和孩子进行有效的沟通，一切都是白费。

不同于其他人际沟通，亲子沟通更讲究"情"，当双方之间的情感产生联结时，父母说什么孩子都更容易听进去，父母对孩子的教育才更有效果和意义。而且双方之间的关系也会更加牢固，不会因为生活中的一些冲突或矛盾就瞬间瓦解。

因此，父母应该学会亲子沟通的有关技巧，做到在沟通前多倾听孩子，在沟通时多和孩子共情，在沟通后多接纳孩子。

第四，化解最大亲子矛盾

学习问题是亲子之间产生矛盾的最大原因。在现实生活中也有很多家庭的亲子关系不好并不是因为家庭氛围不够和谐，也不是因为亲子沟通不够顺畅，而是因为很多父母做不到客观看待孩子的学习成绩。他们总是把孩子的学习成绩看得格外重要，甚至高于亲子关系。

我见过许多父母对孩子从来都只有一个要求，那便是保持优异的学习成绩。只要孩子做不到，父母对孩子就只有埋怨和指责。孩子也认为父母只关心自己的学习成绩，根本不关心自己，所以，孩子对父母的情感也会逐渐发生变化。

一直以来，我都强调好的亲子关系比亲子教育重要一万倍。在本书的前言部分我也提到，孩子只愿意听他们喜爱的人说的话，只愿意向他们喜欢的人学习。

想要构建好的亲子关系，父母应该明白亲子关系高于亲子教育的道理，在关注孩子学业问题的同时，更多地关注孩子情绪、情感的变化。正所谓"关注事情是控制，关注人才是爱"，父母要分清主次，在和孩子相处的过程中多关注人、少关注事，为构建好的亲子关系打好基础。

第五，平衡多孩关系

随着国家有关政策的变动，如今社会越来越多的家庭选择生养多个子女。当一个家庭里不止有一个孩子时，家庭里的各种关系也会变得复杂，除了夫妻关系一如往常，原先的亲子关系会变成亲子关系一、亲子关系二等，而且还会增加孩子与孩子之间的手足关系。

这些关系如果处理不好，家庭的氛围就不是欢声笑语，而是抱怨与指责，家人之间也会开始互相猜忌、埋怨、争宠，整个家庭就会乱成一锅粥，仿佛家里处处都埋着一颗"定时炸弹"，不知道什么时候会爆炸，伤及他人。

为了避免这种情况的发生，多孩家庭中的父母需要花费更多的心血维护、平衡好家庭中的各方关系。

第六，修复不良亲子关系

以往我接触过的许多父母，都是亲子关系出现了问题之后才找到我，希望我可以提供一些方法，帮助他们改善、修复不良的亲子关系。上面所提及的五大部分内容针对的都是好的亲子关系构建的一些技巧、方法，可以称得上是未雨绸缪。

当亲子关系已然变得支离破碎时，孩子会自动屏蔽父母说的话、做的事。当亲子关系处于这个阶段时，父母应该遵循"少说少做"的原则，因为孩子已经对父母有所抗拒，所以父母说得越多，做得越多，反而会把孩子越推越远。

父母应该在平时做好孩子的榜样，让孩子在自己的"身教"下逐渐变得正向、阳光，同时父母还应学会信任、欣赏、感谢孩子，多表达对孩子的爱意，让双方重新建立起情感联结。

综上所述，便是构建好的亲子关系的模型，涉及的六个板块的内容在后文都会有更加详细的介绍，每个板块的内容都不是独立存在的，父母在构建好的亲子关系的过程中，需要将这六个方面的内容结合使用，融会贯通、活学活用。

1.4.2　爱是中心

构建好的亲子关系，通过上述模型已经展现得十分清楚，父母只要在日常和孩子相处的过程中参照该模型，尽可能做到这六个方面的统一，坦诚地对待孩子，这件事情将变得非常简单。但是我也认识这样一些父母，只要是和教养孩子有关的理论知识，他们都背得滚瓜烂熟，和我谈论起来也头头是道。可尽管如此，这些父母和孩子之间的关系仍然时常剑拔弩张。

为什么学会了这么多理论，这些父母还是处理不好和孩子之间的关系？

这是因为这些父母忽略了构建好的亲子关系中最重要的一个因素——爱。任何一段关系都建立在爱的基础上，亲子关系更是如此。彼此之间没有爱，再好的手段都只是徒劳。正如著名教育家陶行知先生所说："爱是一种伟大的力量，没有爱就没有教育，教育的最有效手段就是'爱的教育'。"

没有爱的亲子关系，即便父母掌握了再多和孩子相处的技巧，孩子也很难从内心深处接受父母。对于孩子来说，没有爱的亲子关系，还不如不要。

父母作为构建好的亲子关系的主要人物和引导者，应该明白，爱是一个家庭的底色，如果一个孩子不能在爱的沃土里成长，他就会像一株没有营养、在风雨里飘摇的小草，不被人爱，也不会爱人。就像我经常在一些线下见面会上和父母强调，想要构建好的亲子关系一定要让孩子感受到父母的爱，只有当彼此之间的爱流动起来时，好的亲子关系才会水到渠成。

第2章

树立一等家风："三法则"

许多父母迫切想要构建好的亲子关系，却不知该从何入手。事实上，亲子关系的好坏在很大程度上是由一个家庭的家风即家庭氛围决定的。家庭氛围良好，亲子关系才能朝着亲密、和谐的方向发展。树立一等家风，父母要遵守"三法则"。

2.1 幸福的家庭里夫妻关系高于亲子关系

树立一等家风，父母应该遵守的第一法则是：夫妻关系高于亲子关系。

在综艺节目《我家那闺女》中有这样一个场景，两位嘉宾在讨论"人生最重要的排序"这一话题，有一位嘉宾说自己的人生排序是自己、伴侣、孩子、父母。节目播出后，很多人立马表示她这样说是因为还没有孩子，等有了孩子之后，孩子自然而然地就会变成第一顺位。

似乎在绝大部分中国人的观念里，有了孩子后，孩子就应该是家庭的中心，家庭里的其他关系就应该无条件为亲子关系作出让步，因为孩子而忽视家庭里的其他成员更是一件再正常不过的事情。许多父母在谈及这一话题时都认为这样做是爱孩子、对孩子负责任的表现。事实上这种观念及其所导致的行为反而不利于孩子的成长，家庭关系也会因此而变得极度扭曲。

伯特·海灵格曾说过："一个真正健康的家庭，一定会遵循这个法则——家庭之中，先出现的关系，要优于后出现的关系。"在一个家庭中，所有的关系都是基于夫妻关系才产生的，夫妻关系是所有关系的核心。夫妻关系和谐，则家和万事兴；夫妻关系不和，则家乱万事废。

2.1.1　夫妻关系，才是一个家庭的核心

从事这一行业以后，我会有意地关注身边的一些家庭和孩子。我发现大部分家庭在有了孩子以后，家庭关系都会发生一些或明显或微妙的变化。

比如：有孩子之前，许多人的微信头像都是婚纱照或是和伴侣的合照，有孩子之后，微信头像就变成了孩子的照片，连朋友圈也全都是和孩子有关的内容；有孩子之前，周末可能会和伴侣出去约会、看电影等，有孩子之后，周末要么带着孩子四处游玩，要么奔走于各大兴趣班之中；有孩子之前，夫妻双方谈论的话题数不胜数，从诗词歌赋谈到人生哲学；有孩子之后，夫妻双方讨论的话题几乎仅限于孩子，即便孩子不在身边，也都时刻想着孩子……

因为当一个家庭有了孩子之后，夫妻双方就不再只是彼此的伴侣，而是多了一个父亲/母亲的身份。出于责任感和保护欲，父母会不断地弱化自己作为伴侣的角色，强化、突

出自己作为父母的角色，将更多的关注点放在孩子身上。

　　甚至在很多家庭里，亲子关系已经完全超越了夫妻关系，父亲／母亲会倾注更多的时间和精力在孩子身上，而很少顾及伴侣的感受。

　　如果长期处于这样的状态之下，夫妻关系就会出现错位、产生矛盾。夫妻双方不仅缺少沟通，还经常会因为孩子的问题而产生冲突，丈夫可能会责怪妻子没把孩子带好，而妻子则埋怨丈夫只关心孩子，对自己不闻不问。

　　当夫妻之间经常性地发生争执时，夫妻关系自然会越来越不和谐。当这种现象成为家庭的常态时，孩子根本无法从家庭中感受到爱和快乐，甚至会因为父母争吵的焦点是自己而感到郁闷。如果孩子把父母关系不好的原因归咎在自己身上，认为是自己强化了父母之间的矛盾和冲突，就会因此变得压抑、自卑。同时，孩子对父母的需求和感情也会发生变化，亲子关系也会随之变得异常扭曲。

　　比如，我之前遇到过一个孩子，为了阻止父母离婚，不惜通过伤害自己的方式来挽留父亲。因为她知道，只有自己出现危险才能让父母停止争吵，短暂地团结起来，所以她必须不断地制造一些事件，让自己成为父母关注的焦点，这样父母才不会分开。

　　显而易见，孩子的做法根本无济于事。

在一个原生家庭中，包括亲子关系在内的所有关系都是夫妻关系的衍生关系，夫妻关系是培养亲子关系的土壤，如果这一片土壤变得贫瘠、没有养分，又怎么指望在它之上能够开出绚烂的花朵呢？

作为新时代的父母，我们要明白孩子和伴侣一样，都只是家庭成员，而非家庭的中心。在我看来，在健康的家庭中，家庭关系就应该如同一个等腰三角形一般。父亲、母亲和孩子各占据一个顶点，夫妻关系作为家庭关系的基础和核心构成三角形的底边；亲子关系作为夫妻关系的衍生关系分别构成三角形的两条腰且两腰相等，如图 2-1 所示。

图 2-1　家庭"三角关系"示意图

著名心理学家武志红曾说过，夫妻关系是家庭关系的"定海神针"，只有在夫妻关系和谐的基础上，这个家庭才会稳若磐石。

这也告诫我们，在养育孩子的过程中不应该将全部的心力都倾注到孩子身上，而是要明白夫妻关系高于亲子关系及其他家庭关系的道理，在和家庭成员相处时应该做到"雨露均沾"，站对位置、明确边界，在顾及孩子感受的同时也要照顾伴侣及其他家庭成员的感受。不要事事为了孩子着想，却反而错使孩子失去一个完整的家庭，如此将给孩子带来更大的伤害，也不利于亲子关系的构建。

2.1.2 教你三大招，维护好夫妻关系

美国著名教育教约翰·杜威曾经说过："在每个人的生命成长中，没有比家长更重要的老师。最好的家教就是夫妻恩爱。"夫妻关系是一个家庭的核心，夫妻关系的好坏直接关系到家庭关系的好坏。对孩子而言，父母恩爱可以让他们沐浴在爱的阳光下，健康成长，让他们变得更有力量。

同样我们也需要明白，夫妻关系是每个人生命中非常重要的一种关系。好的夫妻关系除了能够给孩子营造一个温暖和谐的家庭氛围之外，它也关系到我们个人的幸福。

很多夫妻都懂这个道理，但并不是所有的夫妻都能处理好彼此之间的关系。那么，夫妻之间到底应该怎么相处，才能营造出和谐、友爱的家庭氛围，给孩子一个幸福的童年呢？

1. 礼尚往来、有来有回

很多夫妻之所以关系不和谐，就是因为彼此或者其中一方把另一方对自己或对家庭的付出视作了理所应当，认为他/她理应为这个家庭付出。而且两个人既然结婚了，就有权利要求对方完成某些事情。

比如：在有的家庭中，妻子会想当然地认为丈夫给自己花钱，对自己好是天经地义的事情；而丈夫则会认为妻子就应该在家相夫教子，打理好家里的一切。短时间内这种相处模式不会有太大的问题，可如果长时间只有一方在忍受和付出，那么关系的天平就会处于一种失衡的状态，总有一天会全面崩塌，到那时，后果将难以想象。

在成年人的世界里，从来都没有应该和不该，也没有必须和无须，有的只是"礼尚往来"，对方付出了，自己就要予以回报，即便夫妻之间，也是如此。

而这些也能教会孩子在和别人相处时，懂得"礼尚往来"的道理。尤其是孩子会模仿父亲对待母亲的方式去对待母亲，用母亲对待父亲的方式对待父亲。只有当夫妻双方互敬互爱、相濡以沫时，孩子才能在充满爱意的环境中长大，亲子关系才会更加亲密、和谐。

2. 坦诚以待、互相包容

生活中，不乏有一些夫妻看似亲密，可实际上却好像是两个世界的人，甚至有很多夫妻貌合神离，只不过为了给孩子一个完整的家庭才勉强维持着夫妻关系。其实这样的做法大可不必，很多时候都不过是父母的一厢情愿罢了，孩子并不需要这样表里不一的父母，他们需要的是真正恩爱、彼此坦诚、互相包容的父母。

坦诚以待并不是说夫妻之间要完全没有秘密，也没有自己的私人空间，而是说当对彼此之间的关系或者是某件事情有什么看法时，不要藏着掖着，要勤于沟通。不然的话，就会由一开始的以为对方不理解自己，慢慢演变为无话可说，到最后就会为彼此之间的关系蒙上一层阴影，形成隔阂。好的夫妻关系就应该做到有话直说，不管遇到心结还是困难，都要坦诚地说出来，做到"有福同享，有难同当"，这也能教会孩子责任与担当。

另外，夫妻之间还要学会包容彼此的缺点和坏情绪，让自己成为对方的依靠，从而让孩子体会到父母之间的温情，学会爱与被爱。

3. 同心协力、彼此成就

著名作家周国平曾经说过："婚姻不仅仅是包容和接纳对方的所有，自己也要跟着婚姻一起改变、共同成长。"一段幸福的婚姻关系，从来都不是靠一方无条件地付出，而是夫妻双方共同努力奋斗的结果。

没有哪个人的人生是一帆风顺的，同样地，也没有哪一段婚姻能够十全十美，不经历任何挫折。尤其是在有了孩子之后，家庭关系如何协调、孩子的教育问题如何处理都是摆在夫妻面前的难题。

心不够齐的夫妻在面对这些现实问题时，很有可能就会走散，而这将对孩子造成极大的影响。一方面，孩子将在一个没有爱和温暖的家庭里长大；另一方面，当孩子在以后成长的过程中遇到困难时，他也会因为不知道怎么解决而选择逃避。所以，为了让夫妻关系变得更加亲密、有爱，也为了给孩子做好榜样，夫妻之间要做到同心协力。尤其是在遇到困难时，只有心往一处想，劲往一处使，家庭氛围才能更加温暖，孩子才更能学会责任和担当。

有人说，夫妻恩爱就是一个家庭最好的风水。事实也确实如此，在一个家庭里，所有的关系都是围绕夫妻关系展开的，只有夫妻关系和谐了，其他关系才会和谐，孩子才能在一个健康有爱的环境中长大。

2.2 情绪管理是为人父母的一门必修课

树立一等家风，父母应该遵守的第二法则是：做好情绪管理。

几乎每一次线下课程，我都会和父母强调在生活中要管理好自己的情绪，尤其是在和孩子相处时，更要做到这一点。但是每当我这样说时，就会有很多父母向我诉苦。

"我生气还不是因为孩子不听话。"

"我也不愿意大吼大叫，可他就是不肯按我说的做。"

"我孩子一天到晚就知道哭，只要没有满足他就哭，我实在太恼火了。"

大部分人在养育孩子的过程中，恐怕都经历过这样的时刻，一方面被孩子气到七窍生烟，一方面又非常无奈，想要心平气和地和孩子沟通，但实在忍不住不发脾气。

有情绪是很正常的，父母不是超人，不可能做到没有任何情绪波动，但是管理好自己的情绪却是可以做到的。在和孩子相处的过程中，如果经常性地在孩子面前情绪失控，孩子可能会害怕、会恐惧，会变得不再愿意和父母交流，进而会影响到父母和孩子之间的关系。

一个孩子最大的福报就是拥有成熟的父母。因此，为人父母要学会管理好自己的情绪，这也是做父母的一门必修课。

2.2.1 在亲子关系中，爱也会伤人

每当人们提到"爱"这个字眼时，就会不自觉地联想到幸福、美好、温暖、和谐等词语，脑海中还会浮现出与之相对应的画面。

可是，在一些孩子的眼里，"爱"却是另一番景象。我记得之前有一个孩子和我说过，他的父母总是在家里吵架，还动辄吼他。有一次，因为他在洗碗时不小心打碎了一个碗，妈妈就大发雷霆，狠狠地批评了他一顿："我让你洗碗了吗？你洗不好就不要洗，打破了一个碗，我还得重新去买，净给我添麻烦，你们爷俩没一个让我省心的。"

他听完之后很伤心，尽管后来妈妈和他解释，当时之所以吼他是出于关心，害怕他被碎玻璃碴扎到，并没有责怪他的意思，还一再地强调妈妈很爱他。但是在他的理解中不是这样的，他认为妈妈就是在责怪他，不然为什么动辄就要情绪失控地吼他。

当前，我们生活在一个快节奏的时代，工作和生活的双重压力让人们喘不过气来。工作了一天回到家后，只想好好放松一下，可回到家之后还要面对家庭的琐事和孩子的教育问题，难免有情绪失控的时候，也会忍不住把孩子当成一个发泄的窗口，冲着孩子发一顿脾气。

父母发完脾气之后，情绪的确得到了释放。可对于孩子来说，父母的情绪失控就好像一场浩劫，会让孩子感到恐惧、害怕，甚至有可能会成为孩子一生的阴影。

某心理机构曾对 1000 名未成年人做过一项调查，调查结果发现，在家里经常被父母责骂的孩子，出现性格缺陷的概率非常大。其结果显示：有 25.7% 的孩子在性格上会比较自卑、抑郁；有 22.1% 的孩子性格更倾向于冷漠、残忍；还有56.5% 的孩子则比较暴躁、易怒。

父母在向孩子宣泄情绪的时候可能觉察不到，但其实父母每一次的情绪失控都会对孩子造成极大的伤害，最直接的表现就是会对孩子的性格产生影响，会让孩子变得自卑、胆小、怯懦，甚至还会使孩子变得和父母一样，无法管理好自己的情绪。

当父母的情绪失控遇上孩子的情绪失控时，哪怕只是一个小问题也会被无限放大，甚至会闹到不可开交的地步，而最终受到伤害的只能是自己和孩子。比如，央视出品纪录片

《零零后》中就有这样一个场景：父亲坐在一旁指导孩子写作业，发现孩子犯了一个小错误，忍不住批评了孩子两句，没想到孩子的反应比父亲还激动，竟然冲父亲吼了起来。

一次次的情绪失控，一次次的互相伤害。明明彼此相爱，可最终却以残局收场，这是父母和孩子都不愿意看到的。

正是因为父母很爱孩子，所以我们更不能让失控的情绪成为破坏亲子关系的"元凶"，不能让孩子成为父母的出气筒和坏情绪的收纳池。否则，一旦坏情绪无限地堆积、蔓延，孩子将会深陷其中、无法自拔，父母也会因此受到伤害，更重要的是父母和孩子之间的关系也会因此受到摧残。

2.2.2 做积极的父母：情绪管理"五步法"

既然父母在孩子面前情绪失控会有如此大的危害，那么，我们应该如何管理好自己的情绪呢？

美国著名心理学家阿尔伯特·艾利斯曾提出过著名的"情绪 ABC 理论"（见图 2-2）。他指出，正是由于人们常有的一些不合理的信念才使我们产生情绪困扰，如果这些不合理的信念存在，久而久之，就会引起情绪障碍。

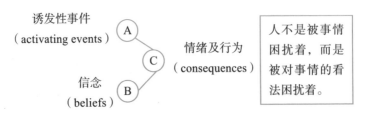

图 2-2　情绪 ABC 理论

　　如何解决这个问题，让我们的情绪能够得到合理地控制呢？对此，他提出了合理情绪疗法。我曾对这一疗法进行了研究，发现在教育孩子的过程中，父母借助这一疗法可以很好地控制自己的情绪，它能帮助父母做到在教育孩子的同时不破坏与孩子之间亲密、和谐的关系。

　　父母想要管理、控制好自己的情绪，可以遵循以下五个步骤，分别是发现、了解、接纳、表达、处理。

　　1. 发现

　　发现，指在和孩子相处的过程中，发生了那些让我们感到不愉快的事情，也可称之为坏情绪的诱因，比如，孩子吃饭总是把饭弄得满地都是，做作业拖拖拉拉，经常性地和自己顶嘴等。

　　在找到自己产生坏情绪的源头之后，再来解决自己的坏情绪就如同对症下药一般，会容易很多。

2. 了解

有的父母在发现孩子的一些不好的行为之后，会先入为主地给这一行为下一个定义，比如，孩子做作业拖拖拉拉，有的父母脑海里就会下意识出现"叫他快点写完作业好吃饭，他就是故意在那里拖拖拉拉，不想吃饭，太不听话了"这样的想法。

父母并没有认真询问过孩子为什么作业做得这么慢，而是想当然地给孩子的行为安插了一个动机，且通常都是一些不一定对的想法。当父母抱着这样的想法时，自然就会陷入情绪的困境之中。

所以，父母在发现孩子有一些不好的行为之后，首先要做的不是理所当然地认为孩子是怎么想的，而是要了解清楚孩子内心真实的想法和孩子现阶段所遇到的困难等。

3. 接纳

接纳有两个方面的含义，一是接纳孩子的情绪，二是接纳自己的情绪。在了解清楚孩子内心的真实想法之后，我们要尝试着接纳孩子的情绪，比如：孩子在吃饭时发脾气是因为不想吃饭，但是被逼着一定要把一碗米饭吃完；孩子写作业拖拉是因为遇到了一道比较难的题目，尝试了很久都没有解出来而逐渐暴躁等。

另外，我们要学会接纳自己的情绪，比如，我们面对做作业拖拉的孩子想要发脾气，其实就是因为他没有达到我们的期待，说好一个小时完成，结果却没有。

在接纳了双方的情绪之后，再来处理自己的情绪就会变得容易许多。

4.表达

有的父母做到了前三步，但却卡在了表达上。就像我上文提到的那位妈妈，为了在孩子面前不发脾气，前期一味地隐忍自己的脾气，结果最后因为实在忍不住，把孩子打了一顿。

所以，父母千万不要以为自己能够很好地隐藏自己的情绪。实际上，不管是自己还是别人都能感受到这种不良情绪的存在，如果不将它表达出来，之后恐怕很难再以比较平和的心态和孩子沟通。比如，父母在发现因为孩子做作业拖拉而感到生气之后，就必须向孩子表达自己的情绪，并且告诉他自己是因为他做作业拖拉而产生了情绪。

5.处理

在告诉孩子自己的情绪之后，最后一步就是如何处理情绪。其实通过前面的步骤，父母已经比较冷静，也基本能够正确审视自己的坏情绪了。

此时，情绪基本已经得到了控制，我们在面对孩子时也会心平气和许多，会在心里想"孩子做作业慢，自己读书时又何尝不是呢？或许他只是这会儿状态不好，不妨让他休息一会儿之后再去做"。

总而言之，情绪管理并没有想象中的那么困难。很多时候父母只是因为没有了解事情的原委，没有给自己和孩子喘息的机会，就冲着孩子一顿劈头盖脸，最后等反应过来之后，才发现既伤害了孩子，又伤害了自己。

人际关系大师约翰·戈特曼曾说过："对情绪的感知能力和掌控能力甚至比智商更重要，这些能力决定着一个人在社会各个领域取得的成就和幸福感，也包括家庭的幸福。"作为一个成年人，管理好自己的情绪是一门必须掌握的学问；而作为父母，在孩子面前保持稳定的情绪，是我们终身的修行。只有管理好自己的情绪，父母和孩子的相处模式才能更加友好，亲子关系才能更加亲密、和谐。

2.3 仪式感是幸福家庭的顶配

树立一等家风，父母应该遵守的第三法则是：拥有仪式感。

仪式感，听起来很玄乎，在重礼仪的中国人的观念里，"仪式"是一件极其烦琐、复杂、装样子的事情，是形式主义，一点都不实用。

可是，我们的生活中又不能缺少仪式感。尤其是在亲子关系里，如果缺少仪式感，孩子和父母之间就会缺少很多联结，家庭生活会变得索然无味，亲子关系也会变得越来越淡薄。

关于仪式感对于一个家庭的重要作用，美国伊利诺伊大学曾围绕"家族仪式传承"这一课题进行过深入的研究。研究发现，在一个家庭中，仪式感可以起到"黏合"各家庭成员的作用，能够直接建立起一个家庭特有的价值观，并让父母和孩子对此有所期待。比如，过春节时，漂泊在外的孩子无论身处何处，都会回到父母的身边，感受来自家人的关怀。

仪式感，在某种程度上是孩子对于家庭的记忆。在孩子长大之后，很多事情随着时间的流逝可能会被慢慢淡忘，但是那些因为小小的仪式感而变得具有非凡意义的日子和经历则会在孩子的心中留下深深的烙印。

给孩子一个温暖有爱的原生家庭，秘诀之一就是在生活中给予孩子仪式感，让孩子能够拥有强烈的安全感和归属感。

2.3.1　有仪式感和没仪式感的家庭，差别究竟有多大

有一次，母亲过生日，我提出要给她买一个生日蛋糕，陪她过生日。没想到母亲说："我都一大把年纪了，又不是小孩子，生日有什么好过的。"

可是在我小时候，母亲并不是这样说的。我记得特别清楚，有一次，同学过生日，邀请我去她家里玩，那天我很开心。经过了那一次之后，我就特别期待自己的生日。

终于到我的生日了，那天我像往常一样去上学，本以为放学回到家后，家里会有大蛋糕等着我。但家里一切照常，并没有什么变化，我很失望地问父母："为什么别的小朋友过生日都有蛋糕，我却没有？"妈妈回答我："那个蛋糕有什么好吃的，全是奶油，还不如我做的饭好吃。再说了，你一个小孩子，过什么生日？"

当时我内心的委屈一下子涌上心头，我躲到房间哭了起来。尽管后来爸爸到街上给我买了一个小蛋糕，但是从那次之后，我好像对自己的生日没有那么期待了，也再没有提起过要过生日之类的话。

有人说："生存和生活，最直观的区别便是仪式感。"对此，我深表认同，仪式感的确能够在很大程度上带给人幸福和快乐。

很多家庭过得不幸福，孩子与父母之间始终有着一道无法逾越的鸿沟，亲子关系不够亲密、和谐，往往是因为父母对待生活不够认真。

比如：当孩子过生日时，父母从来不会特意给孩子庆祝，孩子看到别人家的父母都会给孩子庆祝生日，就会认为自己是不被爱的；当节日到来之时，生活一切照常，父母不会以特别的形式来庆祝，也不会给孩子惊喜，久而久之，孩子便不会再期待过节。慢慢地，孩子对父母也不再抱有期待了。

待到孩子长大，他也会像自己的父母一样，过着按部就班的生活，对生活既没有期待，也没有憧憬，慢慢地就失去了面对生活的朝气与活力，与父母之间的联结也会越来越少。相反，那些从小生活在充满仪式感的家庭中的孩子，往往会更开朗、更积极，在面对生活中的挫折时，会更有勇气和力量，在平时也会愿意和父母保持密切的联系。

我曾看过一部美剧，名叫《我们这一天》，讲述的是一个平凡的五口之家的故事，这是一个非常有仪式感的家庭。我印象非常深刻的一个片段是有一年的感恩节，他们一家五口在去爷爷家过节的路上遭遇汽车爆胎，一家人只好步行到附近一个荒凉的小旅馆里过节。

换作其他的父母，可能会因为破坏了过节的好心情而选择不过。但是这对父母不一样，为了不让孩子失望，父亲找了一部老电影和孩子一起观看，还戴上了帽子，扮成电影里的角色，和孩子们一起做游戏，孩子们开心极了，最后玩累了，在父母的怀抱里睡着了。

原本丧气的一天却变成了孩子们最美好、最温暖的回忆，对于孩子来说，何尝不是一种人生财富呢？就像电影里的父亲说的那样："我们要学会把生活赠予你的酸涩柠檬，酿成一杯甜美的柠檬汁。"

仪式感，其实并不烦琐，也并不矫情。比如：爸爸在下班路上看到一束漂亮的鲜花，顺路买回来送给妈妈，这就是一种仪式感；妈妈在孩子过生日时亲手给孩子做了一个生日蛋糕，这也是一种仪式感。

仪式感，是一种面对生活的积极态度，是一种感知幸福的能力，它能够让家庭氛围变得更加温暖有爱，让各家庭成员之间的关系更加亲密、和谐。

2.3.2　学会三种方法，轻松营造家庭仪式感

最近几年，我和我身边的朋友、家人都会发出这样的感叹："感觉现在过年的年味越来越淡了，过年回家即便家人都聚在一起，也是各玩各的手机，几乎没有什么交流。"

造成这一现象的原因，就是当前很多家庭越来越没有仪式感。这些家庭为什么不注重仪式感？《中国青年报》曾对这个问题进行过调查，结果显示：有一部分人认为是由于社会节奏加快，无暇顾及；有一部分人认为是因为仪式教育的缺乏，不了解仪式的真正内涵；还有一部分人认为仪式感需要花费大量的时间和金钱，终究也只不过是个形式而已，不值当。

其实，这些人都误解了仪式感的真正含义。《小王子》一书中写道："它就是使某一天与其他日子不同，使某一时刻与其他时刻不同。"仪式感远没有想象的那么复杂，也并不需要花费非常多的时间和精力，认真对待生活中那些平凡而又普通的小事，让它变得与众不同即可。正如著名翻译家许渊冲老先生在《朗读者》中所说的那样："生活并不是你活了多少日子，而是你记住了多少日子。"

仪式感在我们的生活中其实无处不在。那么，父母应该如何营造家庭里的仪式感呢？

1. 父母的言传身教是最好的仪式感教育

我曾看过一个访谈，受访者是一位小有成就的女性企业家。主持人在问到这位企业家的成长环境时，企业家先是露出了一个笑容，接着用非常骄傲的语气说道："我的妈妈是我在这个世界上最敬佩的人，她真的非常优秀。"

她告诉主持人，自己的母亲虽然工作十分繁忙，但却是一个非常注重仪式感的人。小时候，因为她特别不爱读书，母亲就规定每天傍晚的六点到七点是家庭读书时间，并要求她和父亲一同参加。起初，她以为父母做不到，因为父母的工作非常繁忙，可让她没想到的是，父母居然每天都能按时到家然后邀请她一起读书，哪怕之后还有应酬，也会先回到家完成这 1 个小时的阅读活动再出门工作。

她说："这样的状态大概持续了将近 2 年的时间，也是在那一段时间里，我体会到了阅读的乐趣。再后来在学习成绩这一块，我没有让父母再操过心。至于每天阅读 1 小时的习惯，我也坚持到了现在。"

有的父母可能会说，上班族的时间是不受控制的，根本抽不出整块的时间来和孩子相处。其实父母对孩子的言传身教，并不一定要抽出整块的时间来和孩子相处。出门上班前替孩子整理好衣服，轻轻亲吻孩子的脸颊；下班后回到家冲着家里大喊一声"我回来了"；吃饭前，说一声"我们要开动啦"，和孩子碰杯；在睡前给孩子读儿童读物等，这些都是生活中的仪式感。

久而久之，家庭的仪式感就被营造起来了，孩子也能从父母的这些行为中学会制造仪式感，让家庭的氛围变得更加和谐。

2. 注重节日和对家庭有意义的日子

除了在日常生活中，通过自己的言传身教来营造家庭的仪式感，我们还需要特殊对待一些与众不同的日子，如伴侣、孩子的生日，或者是一些传统的节假日，如端午节、中秋节等。

而节日，也是在家庭中表达仪式感的最好机会。以大部分孩子最期待的生日为例，在当天为孩子举办一个小小的仪式，邀请孩子的同学、朋友来家里玩，为孩子亲手做一顿大餐，或者带孩子到餐厅吃一顿饭，这些都会给孩子以充分的仪式感。一方面，可以让孩子更加自尊、自爱；另一方面，可以让孩子感受到父母的重视和爱，有助于亲子关系更加亲密、和谐。

3. 让孩子参与到一些家庭事务中来

除了在生活中给孩子制造一些仪式感以外，父母还可以让孩子参与到家庭事务中来。比如，我曾见过一个二胎家庭，每周五的晚上吃完晚饭后所有的家庭成员都会参加家庭会议。

起初，在孩子还小时，父母会和孩子一起表演才艺、做游戏。后来，孩子长大了，这个固定的时间就用来讨论孩子的学习、父母的工作等。总之，家庭里所有的事情都可以共同讨论，甚至当父母遇到生活、工作中的难题时，还会让孩子帮忙出主意，因为父母认为同一件事情，孩子的视角可能会给父母带来不一样的启发。

在这个过程中，孩子也学会了如何和父母相处，渐渐地能够以平等的姿态和父母进行交流，同时也学会了责任和担当。这个家庭的妈妈告诉我，她的大女儿从上小学开始在班级里就一直是班干部，老师和同学都对她赞赏有加。

日本当代作家村上春树说："仪式是一件很重要的事情。"再平凡、琐碎的生活有了仪式感之后都会变得熠熠生辉，孩子的成长过程也会因此变得更加丰富、美好，孩子从父母身上感知到的爱就会更多，和父母的关系也会更加亲近。

第 3 章
定位父母角色："三不当"

营造温暖有爱的家庭氛围是构建好的亲子关系的第一步，想要进一步稳固亲子关系，真正走进孩子的内心，父母还需要找准自己在亲子关系中的角色定位，做到"三不当"。

3.1 不当"驯兽师"，学做"观众"

　　父母在定位自己的角色时，第一个"不当"是不当"驯兽师"。

　　我曾看过一条短视频：一位有着丰富经验的驯兽师正在表演如何用一根细绳拴住一头大象。只见他拿出一根稍微用力就可以扯断的细绳，系在了大象的前腿上，然后将细绳随意地挂在了一旁的树枝上，之后便走开了。大象被"拴住"之后，竟真的乖乖站在原地一动不动。我们都知道，只要大象稍加用力，就能挣脱束缚，但是它却没有进行任何尝试。为什么呢？

　　驯兽师解释道，大象之所以不做任何挣脱，是因为在它还是小象的时候，拴住它的是铁链，小象根本无法挣脱，并且只要小象稍一挣扎，驯兽师就会在一旁用鞭子抽打它，还会用铁钩钩住它的耳朵。当小象安静下来，保持不动的状态时，驯兽师就会给它一点食物，还会轻轻地抚摸它。当小象成长为大象，且经过这样无数次地训练之后，它便再也不敢动，也不想动了。

这时，视频上方的弹幕几乎全都是"这样太残忍了""简直没有人性""因为是动物，就可以被这样对待吗"之类的言辞。正当我准备关掉视频时，突然看到这样一条弹幕："我们的父母也是这样驯服我们的！"

我的心先是一紧，而后仔细想想，事实好像确实如此。很多父母在教育孩子的过程中，总是会不自觉地采用驯兽师驯服动物的做法——做得好，给颗糖吃；做得不好，拿"鞭子"吓唬。

但是，孩子终归不是动物，这种"驯兽"式的教育方式如果频繁地用在孩子身上，就会给孩子造成诸多伤害，给亲子关系带来不利影响。作为新时代的父母，我们应该把孩子当成一个具有独立人格的人来看待，后退一步，像一位观众一样站在不远处欣赏孩子的表演。

3.1.1　越"驯"孩子越差劲

作家老舍先生曾说："摩登夫妇，教三四岁小孩识字，客来则表演一番，是以儿童为玩物，而忘了儿童的身心教育甚慢，不可助长也。"我初次在书中看到这句话时，不禁感到大师不愧是大师，此番言论当真是一针见血。

不论处于哪个时代，老舍先生口中的"摩登夫妇"都数不胜数，他们不惜一切代价，采用各种手段逼迫孩子学习各种技能，并要求孩子在众人面前展示，美其名曰为了让众人看到孩子的优秀，实则是为了让众人称赞自己教导有方。

一位母亲曾和我聊起她小时候的一段经历。有一次，她跟着父母去亲戚家做客，本来玩得好好的，她突然听到母亲说："我女儿刚学了一段舞蹈，跳得可好了，来，闺女，快给叔叔阿姨们跳一段。"当时她一点准备都没有，既害怕又抗拒，本想对母亲说她不想跳，但还没等自己开口，就被母亲从椅子上拽了下去。

她杵在原地，不知道怎么办才好。母亲却还一个劲地催促："还愣着干吗，快点跳。"她始终没有挪动自己的脚步，母亲见状脸上也有点挂不住了，回过头来压低了声音对她说："你这孩子怎么这么上不了台面，在家里不是挺会的吗？怎么一让你表演就犯怵呢？我的面子都快要被你丢光了，你快点。我跟你说，你要是表现好等会我给你买糖吃，不然小心我揍你。"

这位妈妈告诉我，最后她因为想吃糖妥协了，极不情愿地跳了一支舞。

表现好就给奖励，表现不好就惩罚，是很多父母惯常使用的教育方式，且这些父母认为这种方式是正确的。但这种教育方式，虽然能够短暂地令孩子孩子变得更加"懂事""听话"，却并不能真正被孩子接纳。这种"懂事""听话"都只是表面现象，只是孩子暂时的妥协，长此以往，会对孩子的成长及亲子关系的构建带来极大危害，主要表现为以下两点。

1. 孩子变成"两面派"

有位父亲曾告诉我，他发现他的孩子变得越来越"两面派"了。当时我还纳闷，不太明白他说的话是什么意思。后来他给我分享了他的育儿经历，我才明白。

他的儿子正在上初中，成绩一直都很好，但有一次考试，名次突然下滑了十几名。这让父亲非常生气，他认为一定是孩子这段时间迷恋上了武侠小说造成的。于是他当即没收了孩子所有的课外书，还严肃地告诫孩子："再让我发现你看这些没用的书，我就打断你的腿！"

经过这次"教导"之后，孩子再没有在家里看过课外书。但是孩子的成绩却没有提升，反而在不断下降。

后来在老师那里，这位父亲才了解到，孩子虽然没有在家里看小说，但是却偷偷地去同学家里看，甚至还把书带到学校里，在课堂上看。因为孩子知道，如果被父母发现自己在家里看武侠小说，就会受到惩罚。但武侠小说里的江湖故事，又令他着迷不已，于是他只能选择背着父母看。

大多数孩子在成长的过程中都会有这样的经历和体验，

当着父母一套，背着父母一套，小小年纪便谎话连篇，成为了一个十足的"两面派"。长此以往，孩子的心理会逐渐变得扭曲，父母越是不让孩子做的事情，孩子会做得越起劲，甚至沉迷于与父母周旋的快感之中。

2.孩子的功利心变重

"驯兽"式的教育方式除了让孩子变成"两面派"，还会让孩子的功利心变重。

比如，前段时间我带着女儿参加了一次聚会，很多人和我一样也带了孩子。刚坐下的时候，有位父亲带着儿子来和我打招呼，他对儿子说："快，叫阿姨好。旁边这是姐姐吧，叫姐姐好。"

儿子跟在爸爸的身后，看起来似乎有点害羞，一直没有说话。这场面倒让我感到有点不好意思，正当我准备和这位爸爸说不用了的时候，躲在他身后的儿子突然开口道："我叫了，你就要给我奖励。"

本以为这位父亲会拒绝，让我没想到的是他居然一口答应了，还问儿子想要什么奖励。最后，小朋友甜甜地叫了一声"阿姨好，姐姐好"便走开了。

当时我在想，这位父亲在平时一定习惯了以这样的方式教育孩子，总是设置一些诱惑让孩子听自己的话。次数多到让孩子习惯了做事情一定要获得奖励，也让他学会了在一些事情上和父母"谈条件"。

这种做法无疑助长了孩子的功利心。久而久之，这种没有奖励就不做事的观念会在孩子的内心扎根。渐渐地，他整个人都会变得心浮气躁且功利心十足，在做任何事情之前都会问有没有回报，如果没有回报，他就不愿意做。最后的结果就是他会变得越来越难以成事，人际关系也会越来越差。

在教养孩子的过程中，适当地给予孩子惩罚或奖励不失为一种教育手段，但是我们要把握好其中的度，不能把孩子当成动物一样来训练，这样只会让孩子变得越来越差劲。

3.1.2 做"观众"，欣赏孩子的表演

那么，父母到底应该怎么做呢？在我看来，合格的父母应该学会做孩子的"观众"，站在孩子的不远处，欣赏孩子的"表演"，聆听孩子内心的声音，给孩子鼓掌，给予孩子充分的尊重和力量。

在我提出要做孩子的观众这一观点时，很多父母可能会说，我就是孩子的忠实观众，孩子从小到大参加过的每一场活动我几乎一场不落地都在场，我也给孩子鼓掌，可是为什么孩子和自己还是不够亲近，亲子关系还是不够和谐呢？

注意，我这里提到的"观众"并不是切切实实坐在台下

欣赏台上表演的观众，而是说作为新时代的父母，当孩子站在人生的舞台上表演时，我们要像观众席上的观众一样，和孩子保持一定的距离，尊重孩子的想法，不过多地干涉他的选择。更不要冲上他的人生舞台，把他当成马戏团的动物一样，而是让他在自己规定好的道路上前进。

父母如何做才能避免自己成为"驯兽师"式的父母，做好孩子的观众呢？

1. 聆听孩子内心的独白

当我们坐在剧院里，看着台上的表演者时，我们需要通过倾听表演者的台词来了解他们所扮演的角色及内心蕴含的情感。

在面对孩子时，我们同样应该认真聆听孩子内心的真实想法，不能因为孩子的年纪小，就主观地认为他们的想法一定是比较片面或错误的，从而忽视他们的想法。

众所周知，梁思成和林徽因都是我国著名的建筑大师，可他们的儿子梁从诫的主攻领域却是历史。这中间也有一段小故事。

起初，梁思成夫妇坚定地想要让儿子继承父母的衣钵，为中国的建筑事业做贡献。事实上，梁思成夫妇二人对孩子一直也是按照这个路线培养的，儿子的成绩一直也很优秀，但在高考时却以两分之差和清华大学建筑系失之交臂。林徽因心生疑惑，于是找来当时的试卷想要找到其中的原因，原因自然没有找到，不过她却发现儿子的高考试卷上写着："我一点都不喜欢建筑，我喜欢的是历史。"

林徽因虽然非常生气，但她还是对此进行了反思，权衡之后她最终决定尊重孩子的想法。第二年，梁从诫报考了北京大学的历史系，被顺利录取。

后来梁从诫成为著名的历史教授，在历史领域发光发热。如果当初林徽因强烈要求他学习建筑，就不会有这样的结局。

由此可见，聆听孩子内心的独白，尊重孩子的想法和意见是多么重要。所以，父母在孩子成长的过程中要学会静下心来，认真聆听孩子内心真实的声音。

2. 为孩子鼓掌、喝彩

为孩子鼓掌、喝彩很好理解，就是指在孩子成长的路上，像舞台下的观众一样给孩子鼓掌，为孩子喝彩。在这个过程中，孩子能够最大程度的感受到来自父母的爱和关怀，与之相对应，孩子也会回馈给父母爱和关怀，亲子关系在爱的流动中就会更加亲密、和谐。

不过在这里，我还想强调一点，在很多亲子关系中，父母能够欣然接受孩子的成功，为孩子鼓掌，却不能承受孩子的一丁点失败。一旦孩子某件事没有做成，父母就会对孩子指指点点，一会儿埋怨孩子不用心、不认真，一会儿又指导孩子应该这样做、应该那样做。

其实，孩子天生就有很强的廉耻心，也比大人想象的更"爱面子"，一件事情没有做好，孩子的内心本就不好受，如果本该安慰自己的父母却像驯兽师打骂动物一样，对自己严加指责，这样只会让孩子的内心更难受。

因此，我们给孩子鼓掌、喝彩并不能仅限于孩子取得成功时。比起成功，孩子在遭受挫折和失败时，更需要来自父母的喝彩和鼓励。这会大大增强孩子的信心，让孩子有足够的勇气应对未来人生路上的艰难和挫折。

3. 必要时给予孩子指点

虽然我们强调不要把孩子当成孩子，而是应该把他当成一个具有独立人格的人来看待，但由于孩子的年纪尚小，对很多事情的认知还不够全面，所以我们又不能完全地像对待一个成年人一样对待自己的孩子。

换言之，我们不能真正像一个坐在远处的观众一样，对台上表演的孩子不管不顾。在必要时，我们还是应该介入孩子的成长，为孩子提供一些指引，就好像舞台导演一样，告诉孩子接下来应该怎么做，不至于让孩子站在台上手足无措。

不过，我们一定要界定好哪些时刻才是必要的时刻，不能在孩子不需要指引的时候对孩子瞎指点，那样对孩子来说就不是指点，而是指指点点。

　　"驯兽师"式的父母培养出来的孩子就如同被困在笼子里的动物一般，只能囿于笼中，被控制、被局限。为了不耽误孩子的人生，父母应当后退一步，作为观众席上一位普通观众陪伴孩子的成长，为孩子的精彩表现鼓掌，在孩子遇到困难时给孩子以指引，这种彼此独立但又不疏远的状态正是亲子关系最好的状态。

3.2 不当"法官"，学做"医生"

父母在定位自己的角色时，第二个"不当"是不当"法官"。

我曾在一部电视剧中看到过这样一句台词："家是什么？家不是法庭，更不是赛场，家庭不是用来主持公道的！"

这句话令我沉思不已，回想一下，许多父母都会不自觉地将家庭变成"法庭"，因为他们自己总是在扮演"法官"的角色，对孩子的行为进行宣判，且这种判罚几乎毫无标准，全凭父母个人意愿。

曾经有一个孩子向我哭诉，说他的爸爸断定是他偷了家里的 200 元钱，不分青红皂白就把他打了一顿，还要他把钱交出来。事实上，那 200 元钱是掉在了沙发底下，并不是孩子拿的。

和这位爸爸一样的父母还有很多，他们总是在没有证据的情况下，就落下"法官槌"，给孩子"判了刑"，而这一槌下去，孩子的一生都改变了。这些父母之所以总是以一种审判的眼光看待孩子，是因为他们不明白家不是讲道理的地方，而是讲爱的地方。

为了避免成为一名"法官"，我们应该尝试着转换自己的认知定位，以医生的视角，透过表象看本质，深入了解孩子内心的真实想法。

3.2.1　家庭不是"法庭"，父母不是"法官"

亲子节目《爸爸去哪儿》中有这样一个情节：儿子林大竣看到桌上有几瓶牛奶，赶忙将其全部装在了自己的书包里。父亲林永健看到之后，马上对孩子严加指责，让他把牛奶拿出来放回原处。还十分生气地对儿子说："我们是缺你吃，还是缺你穿了？你怎么能这么贪小便宜呢？这个牛奶放在那里，你想喝就喝，我不会说你。但是你为什么要把它装在包里呢？"

林永健此时就像法官一样，给林大竣定下了罪名：爱贪小便宜。

然而事实情况是什么呢？林大竣拿牛奶根本不是给自己喝的，而是担心别的小朋友没有，准备带回去给别的小朋友喝。虽然最后误会解开了，林永健给自己的孩子道了歉，但我想，当时父亲冤枉并指责孩子的画面，一定会在林大竣心中留下深刻的印记，且他一定会对"贪小便宜"这个词汇非常敏感。

许多父母在教育孩子的时候都会习惯性地先入为主，以自己的思维和理解去臆测孩子做某件事的原因，父母还以为自己是在教育孩子往正向的方向发展。殊不知，这种做法对于孩子的成长和亲子关系都是极为不利的。

首先，孩子会感到委屈，这种委屈在孩子的世界里不亚于窦娥承受的冤屈。被误解、被批判，任何人都会感到难受，有的孩子心理承受能力强，尚且能够化解这种情绪，有些孩子心理脆弱，很容易因此做出偏激行为。

其次，孩子天生具有一定的好奇心和逆反心理，如果被父母误会，而且父母对此还相当在意的话，孩子就会"破罐子破摔"，刻意模仿父母口中那些不好的做法。久而久之，当父母不断地以某些关键词来定义孩子时，孩子可能真地会变成那样的人。

看到这里，也许有些父母会说，我没有先入为主，也没有冤枉孩子。他确实做了不好的事情，他就是个小偷；他就是贪小便宜；他就是心眼坏……

这种行为是不是就没有错了呢？非也。孩子虽然做了不好的事情，但我们也不应该给这些行为定性。比如：孩子真的偷了钱，那他就是小偷了吗？显然不是；孩子多拿了两瓶牛奶，就是爱贪小便宜吗？也不尽然。所以父母在教导孩子时，只需说明他哪件事情做错了即可，不要给孩子贴标签。

就像美国著名的儿童心理学家吉诺特博士曾在《孩子，把你的手给我》一书中写的那样："给孩子下定论是危险的。给孩子贴标签，会让孩子丧失能力。这种断言可能真会成为孩子的问题。""父母告诉孩子他是什么样，孩子常常就会成为那个样子。说一个孩子的下场会如何，是具有破坏性的。预言可能会变成孩子的宿命。"

有时候，语言的暗示就像一道魔咒，把孩子的成长限定在了父母的口中，让孩子的一生都囿于父母为他建构的框架中。

那么，我们怎么做才能避免自己成为一个"法官"呢？最好的方式是做"医生"，像医生问诊一样，去了解孩子的内心。

3.2.2　做"医生"，了解孩子的内心

法官和医生在某种意义上来说，都是一份"人命关天"的职业。法官对被告进行宣判；医生对病人进行救治。二者有一个非常显著的区别，那便是法官不直接和被告进行接触，而医生则需要认真倾听病人提出的一切问题和意见，深入了解病人。

这也正是我为什么倡导父母不要做要"法官",而要做"医生"的原因。在孩子出现问题后,我们只有像"医生"那样深入地了解孩子的想法,站在孩子的角度替孩子进行分析,孩子才能放心地把自己交给我们,向我们表达内心的想法。

1. 多和孩子聊天、交谈

踏入这一行十多年,我发现很多家庭的亲子关系之所以出现问题,主要是因为父母和孩子之间缺少交流,父母在不了解孩子的情况下很容易对孩子产生误解。

这种误解很多时候会严重影响父母对孩子所作出的行为的评判,如果误解一直得不到解除,就会对亲子关系产生严重的影响。

比如,我曾经遇到过的一个家庭,他们家的亲子沟通少得可怜。每天父母和孩子说得最多的三句话是"今天想吃什么?""吃完快去写作业""写完作业早点睡觉"。

后来我深入了解了产生这一现象的原因,发现原来是父母总是曲解孩子的意思,还不听孩子解释。有一次,数学老师在课堂上说如果平时时间充裕的话,可以玩一些逻辑性比较强的游戏,这样可以很好地锻炼自己的逻辑思维,对于理解学科内的知识点有一定的帮助,而且还能够让自己的大脑得到放松。

在同学的推荐下,这个孩子也下载了一款锻炼逻辑思维的游戏 App。可是父母看到她在玩游戏，便对她大加斥责，甚至没收了她的手机。尽管她向父母解释这是一款可以锻炼逻辑思维的游戏，父母也依然认为她是在"不务正业"。后来她遇到什么事情都不愿意告诉父母了，父母和孩子的距离也就此渐行渐远……

这一切最初只是因为父母以自己的主观感受评判了孩子的行为，并且主观地认为孩子的一切说法都是在为自己玩游戏找说辞。如果父母愿意放下自己高高在上的姿态，以平等的身份和孩子进行交流，多了解孩子的生活，深入听取孩子的意见，或许这一切都会不一样。

2. 多观察孩子

回想，我们生病时去医院看病，医生在了解病情的时候除了询问我们一些问题，是不是还会对我们进行观察？因为很多疾病，只有细致观察才能弄清。

也就是说，作为父母，我们除了要和孩子多沟通、交流，引导孩子说出内心的真实想法，还要学会观察孩子，全方位了解孩子，类似于中医诊断的必经步骤——"望闻问切"。

前不久，朋友找到我，问我该怎么向孩子道歉。事情的起因是前几天她发现孩子从学校回来之后有点闷闷不乐，她只当是孩子情绪低落，没有过问。她想如果孩子在学校发生什么事情，老师也会告诉她的。可孩子这样的状态持续了三四天，老师也没有找她。她便忍不住了，询问孩子是不是在学校和同学闹矛盾了，孩子没有说话，眼睛看着地板。于是她便开始责骂孩子："怎么又和同学闹矛盾啊？肯定是你的问题，怎么你在学校还这么霸道呢？你要让着点同学知道吗？"她说完这话，孩子哇地一声哭了出来，然后跑回房间关上了房门。

这位母亲跟着孩子进了房间，才发现孩子拿着去年和语文老师的合影在哭。原来，孩子情绪不佳并不是因为和同学闹矛盾了，而是因为他最喜爱的语文老师要调走了。

她对我说："我实在太后悔了，其实我当时有看出来孩子不开心，但我没有再观察，没有找老师了解情况，后来还冤枉孩子，说他霸道，孩子肯定很伤心……"

这样的例子在生活中绝不是个例，很多父母都曾因为没有了解清楚事情的全貌冤枉过孩子，导致亲子之间产生隔阂。要想和孩子和谐共处，我们就应该像医生那样从各方面去观察孩子，了解孩子的生活。尤其是大龄段的孩子，有一些话他们可能不好意思和父母说，这时候就需要父母细心去观察。

记住，家庭不是法庭，父母也不是法官。在家庭里，父母不要总是高高在上的审判子女的对错，我们应该像一个"医生"一样，透过表象深入地看到孩子的内心，给孩子一个健康、美好的童年。

3.3　不当"超人"，学做"真人"

　　父母在定位自己的角色时，第三个"不当"是不当"超人"。

　　在生活和工作中，我遇到过不少自诩为"超人"的父母，这些父母或是出自真心，或是为世俗所迫。不管是否出自本意，到最后做孩子的"超人"都成为了他们生活的常态。

　　之前在一次线下活动中，有一位妈妈同我们分享了她的日程表，如表 3-1 所示。当这张日程表出现在我眼前时，因为太过震惊，我都忘了表情管理。当时我的想法就是这位妈妈实在太厉害了，如果是我，我肯定坚持不了几天。但这位妈妈说，她已经坚持 6 年了。

表 3-1　"超人"妈妈日程表

时间	内　　容	时间	内　　容
6:10	起床	7:30	叫孩子起床
6:20	做早餐，准备午餐材料	7:40	陪孩子吃早餐
7:20	为孩子准备洗漱用品、衣物	7:55	检查孩子书包，配齐学习用具

续表

时间	内 容	时间	内 容
8:00	送孩子上学	18:00	做晚餐，孩子做作业
8:30	上班	19:00	吃晚餐
12:00	下班，接孩子放学	19:40	陪孩子做作业，检查孩子作业
12:10	做午餐	21:30	孩子洗澡
12:40	陪孩子吃午餐	22:00	督促孩子睡觉
13:40	送孩子上学	22:30	做卫生，准备早餐材料
14:00	上班	23:30	处理未完成的工作
17:30	下班，接孩子放学	00:30	洗漱，准备睡觉

不得不承认，她的确是一位"超人"妈妈。同样作为妈妈，我记得当时我只问了她一个问题："你累吗？"在我问出这个问题之后，我注意到她的眼神中明显透露出几分无奈，但又马上坚定地说："有时候会累吧！但是我有什么办法？工作不能丢，孩子不能不管。只要孩子好，累点也值了。"

做"超人"父母的确能够在很大程度上满足孩子的需求，但这样真的能让孩子更好吗？恐怕很多父母都没有认真思考过这个问题。据我多年的工作经验，我发现在很多家庭里，父母越是无所不能，孩子就越是一无所能，更有甚者，有的孩子还视父母的苦心和付出为无物，随意践踏父母的真心。

父母都爱孩子，想把全世界最好的东西都捧到孩子面前，即便如此，我们也没有必要成为孩子的"超人"。要知道，父母在成为父母之前，首先是自己。

3.3.1　父母不是"超人"，而是普通人

电视剧《白色月光》中有这样一幕场景刺痛了我：满脸泪水的妈妈深吸一口气，回过头生硬地挤出了一个笑容，向坐在车后座因为妈妈的崩溃而小声啜泣的女儿道歉，和女儿说自己大哭其实是在逗她。

原来，这位妈妈刚刚经历了一件人生中非常痛苦的事情，但因为女儿在场，所以一直忍耐。可后来实在没忍住，情绪彻底崩溃，在女儿面前大哭起来，之后又赶忙向女儿道歉。

我在前文提到，管理好自己的情绪是为人父母的一堂必修课，父母在孩子面前管理好自己的情绪是非常有必要的。但父母毕竟不是"超人"，不可能做到没有任何情绪，不可能时时刻刻都在孩子面前维持完美的形象。事实上，也根本做不到。

在我说父母不是"超人"的时候，有一些父母会质疑我："我们的确不是超人，但为了孩子我们也要变成超人！"的确，成为父母之后，我们都想把全世界最好的东西和爱献给

孩子，甘愿为了孩子牺牲自我，但是作为一个普通人，我们应该知道以下三个真相。

1. 父母也是初学者

电视剧《请回答1988》中，父亲对女儿有过这样一番真情告白："爸爸妈妈对不住你，是因为不知道：对老大要好好教导；对老二要好好关心；对老小要教他好好做人。爸爸我也不是一生下来就是爸爸，爸爸也是头一次当爸爸，女儿要原谅爸爸。"

很显然，父母这一身份是孩子赋予我们的，有了孩子之后，我们才有了父母的身份。没有人能够做到从孩子出生开始就妥善处理好关于孩子的一切事情，我们必须要不断学习、亲身体验，才有可能成为孩子眼中的好父母。在这个过程中，犯错是肯定的，即便是享有盛誉的育儿专家在养育孩子的过程中也免不了犯错。

父母不是"超人"，我们必须意识到这一点，在养育孩子的过程中我们也没有必要将自己伪装成"超人"模样。我们要做的是和孩子一起学习、一起进步，共同成长。

2. 父母并不全能

抛却所有的身份、名号、头衔，每个人都是普通人，虽然做了父母以后，我们心甘情愿地为孩子变成"超人"，但我们也不得不承认，这个世界上还有很多我们做不到的事情。

我也是在成为母亲这个角色几年之后才意识到这一点。女儿刚出生那会儿，我真的以为自己就是一个"超人"，能够为女儿的成长保驾护航，虽然有顾及不到的时候，但这个想法我一直没有改变过，并且一直在尽自己所能为女儿创造更好的成长条件而努力。

直到上幼儿园的女儿有一天回家突然问我："妈妈，你会弹钢琴吗？""妈妈，你会画画吗？""妈妈，你会拼拼图吗？"

我告诉女儿："拼图妈妈会，但是钢琴和画画，妈妈不会。"没想到女儿的情绪突然转变，冲我大喊道："妈妈骗人，我们幼儿园别的小朋友的妈妈就会弹钢琴，会画画。妈妈，你骗人。"

说实话，那一刻我真的很无奈。但同时我也突然意识到自己好像真的不是"超人"，不是所有的事情我都会，她的需求我也不一定都能满足，也并不是女儿遇到的所有困难和挫折，我都能帮她抵挡。

父母，对于孩子来说只不过是一个满怀爱意的普通人罢了。

3. 父母也有自己的人生

前不久和一个朋友聊天，她说自己最近状态特别不好，导致工作和家庭都出现了一些问题。原因是她近段时间工作特别繁忙，可孩子刚刚生了一场病，正是需要陪伴的时候，她想着每天多抽出一点时间陪孩子，于是她选择把工作带回家。

可是每次只要她开始工作，孩子就会过来"捣蛋"。有一次，她实在忍不住吼了孩子两句，孩子好几天没和她说话。

最终结果就是工作没做好，孩子也没陪好。

我问她有没有告诉孩子，自己最近工作压力较大，让孩子在妈妈工作时不要来打扰。朋友叹了口气说："孩子还那么小，和他说了他也不懂，有什么用呢？再说了，我在他心里可是上得了厅堂，下得了厨房的超人妈妈呢！我要是和他说了，岂不是破坏我的形象了吗？"

我笑了笑，对她说："你有没有想过，其实你并不需要刻意在孩子面前营造一个超人形象，或许只要你认真做好自己，反而对于亲子关系更加有利呢？"

不少父母为了孩子的成长，放弃了很多东西，在孩子身上倾注了全部的心血，甚至牺牲自己的健康也在所不惜。但其实，我们都知道父母在成为父母之前首先是自己，如果连自己的人生都过不好，又有什么底气可以帮孩子过好他的人生呢？

况且，我们是否有想过，如果父母不计一切地为孩子牺牲、付出，在孩子面前收敛起自己的一切情绪，会不会让孩子认为父母对他的所有付出都是理所当然的呢？当孩子认为这一切都是理所当然时，他们还会不会珍惜父母的付出呢？

这些都是值得我们思考的问题。其实把这些道理想通之后，我们就会发现在孩子面前扮演"超人"是非常没有必要的，只有做真实的自己，才会让孩子更好地感受爱，同时学会爱他人。

3.3.2　做"真人"，呈现真实的自己

很多父母总以为在孩子面前做真实的自己很难，甚至有一些父母还会因为不知道该以什么样的形象面对孩子而手足无措。这一类父母脑海中的假设和焦虑太多，生怕自己某一些不好的举动影响了孩子，以至于这些父母在孩子面前如履薄冰，无法做真实的自己。

在孩子面前做真实的自己有那么难吗？其实不然，只要做好以下这两件事，我们就可以很自然地在孩子面前做真实的自己。

1. 表达真实感受

大多数父母总是这样，想着要做孩子心里的"超人"，愿意为孩子做任何事情，却对自己在其中付出的努力和艰辛绝口不提，羞于向孩子展露自己脆弱、力不能及的一面，最后

却因孩子的不理解而伤心难过。

父母不说，孩子怎么会懂？

曾经我也以为在孩子面前表达真实感受，会伤害我们之间的感情，会让孩子认为妈妈很脆弱，但是一次经历让我改变了这一看法。有一次下班回家后，我已感到身心俱疲，但女儿一直催促我帮她完成老师布置的手工作业。起初我本想帮她做了，但当时我实在是太累，就选择了表达自己的真实感受。

我对她说："妈妈今天工作太累了，能不能让妈妈休息一下，你自己做好不好？"尽管女儿当时听完后各种不情愿，但是因为第二天要交作业，她只能自己摸索着完成这项手工作业。

这件事情过去之后，我也没有放在心上。直到有一次我再次因为加班很晚才回家，这次女儿看见我疲惫的状态，不再像以前一样缠着我提要求，让我陪她玩耍。反而会时不时询问我："妈妈，你要喝水吗？我帮你倒。""妈妈，你现在要睡觉吗？我会小点声音的……"

很多时候，孩子并不是不理解父母，也不是看不见父母的疲惫。只不过因为父母没有向孩子准确表达自己的真实感受，导致孩子看不到被父母隐藏在背后的情绪。

孩子以为父母不会累，父母以为孩子能够懂，冲突、摩擦就在这一来一回中产生了。为了减少这种不必要的冲突和矛盾，父母应该学会向孩子表达自己的真实情绪，但要注意方式方法，不能在孩子面前情绪失控。

2. 在孩子面前示弱

儿歌《爸爸去哪儿》中有这样一句歌词："宝贝，宝贝，我是你的大树，一生陪你看日出。"几乎所有的父母在有了孩子之后，都想要为孩子遮挡住这世界上所有的风雨。殊不知，如果一直将孩子庇护在自己的枝叶之下，会让孩子缺少来自大自然的阳光和雨露，导致孩子没有办法茁壮地成长。

有时候，适当的示弱或许对孩子的成长反而更有利。一位母亲曾分享过她的一次经历，因为前一天晚上工作到很晚，加上天气有些凉，导致她第二天患上重感冒，躺在床上根本起不来。孩子父亲在外出差，她本来准备给老师打电话替儿子请假，正在读一年级的儿子却在此时推开了她的房门，看到她一脸难受的表情，问道："妈妈，你是不是生病了？"

当时她本来想告诉孩子今天不用去学校，但又想看孩子自己会怎么应对，于是便对孩子说道："是的，妈妈很难受，没办法送你上学了。你能自己去上学吗？"

没想到孩子一口答应了，走的时候还叮嘱妈妈要照顾好自己。这位妈妈说当时自己的内心真的百感交集。平日里自己习惯了大包大揽，像个"超人"一样把所有的事情都替孩子做好，反而剥夺了孩子成长的机会。没想到自己无意中的一次脆弱，孩子竟然已经能够独立上学了。

复旦大学沈奕斐教授曾经说过："父母越厉害，越要学会收拢翅膀，因为我们成人的厉害，会变成孩子发展的天花板。"在养育孩子的过程中适当地对孩子示弱，让孩子感受到被需要，不仅能够让孩子变得强大，还能够让亲子关系更加亲密、和谐。

很多时候，孩子需要的是真实的父母，而非完美的"假人"。

第 4 章

学会亲子沟通："三多"

　　亲子沟通的重要性不言而喻，好的亲子沟通不仅能够让教育的效果最大化，还有助于增进亲子感情，让亲子关系更加亲密、和谐。想要建立好的亲子沟通，和孩子做朋友，父母需要做到"三多"，即在沟通前多倾听，在沟通中多共情，在沟通后多接纳。

4.1 沟通前，多倾听

父母学会亲子沟通的第一"多"是"多倾听"。

当前许多家庭或多或少都面临着亲子沟通不畅的困境。经常有父母问我："为什么孩子面对其他人能滔滔不绝地说个不停，在我们面前却无话可说呢？"

事实上，很多时候并不是孩子不愿意说，而是父母没有给孩子说话的机会。有些父母总是习惯用自己的思想和理念干预孩子的成长，在和孩子交流时，他们也十分擅长把有来有回的"亲子沟通"变成有去无回的"我说你听"。如果我们每次和孩子沟通都只关注自己的需求表达，只想着证明自己，而忽略孩子当下的真实感受和需求，结果就是父母说得越多，孩子越想反抗和逃离，亲子关系就越差。

很多时候，亲子关系遭到破坏，都是因为父母只关注自己。沟通，从来都不是单向输出的过程，亲子间的沟通亦然。想要建立好的亲子沟通，父母首先应该明白倾听的重要性，在和孩子沟通前做到少说教、多倾听，学会尊重并了解孩子内心的想法，让孩子感受到来自父母的信任，从而为亲子沟通奠定好的基础。

4.1.1　倾听"三误"：听不全、听不见、不愿听

每当有父母因为亲子沟通出现问题来找我时，我一般都会建议父母先认真听孩子说，深入了解孩子的想法。许多父母对此的反馈是"问了他也不说""让他说他也说不出来"。

但只要我们仔细观察就能发现，孩子不说或说不出来都是有原因的。不妨回想亲子相处的过程中，我们有没有经历过类似的场景。

场景一：父亲正在看报纸，孩子耷拉着脑袋走过来说："爸爸，我和同学闹矛盾了。同学看到我的钢笔很好看就想让我送给他，我不干，就和他吵起来了……"孩子还想说些什么，却被父亲伺机打断："啊？闹矛盾了。那指定是你太强势了，说了什么不中听的话吧！明天带点好吃的，和同学互相道个歉，这事就算完了。"

场景二：饭桌上，母亲给孩子夹了一大块胡萝卜并对孩子说："多吃胡萝卜，对眼睛好。"孩子连连摇头："妈妈，我不喜欢吃胡萝卜，我不要。"母亲没有回应，似乎没有听到孩子说的话，只是一个劲地往孩子碗里夹胡萝卜，再三嘱咐孩

子一定要吃完。

场景三：母亲正在厨房做饭，刚从学校回来的孩子，叽叽喳喳地跑到母亲身边说："妈妈，今天我们班上发生了一件很好玩的事情……"不顾及眉飞色舞的孩子，母亲说："你在这里说什么呢？回家第一件事情是洗手，然后做作业。再说了，你没看见我正忙着呢吗？小心锅里的油溅到你，快出去。"

以上三个场景非常贴切地诠释了父母倾听孩子时的三种错误表现，即听不全、听不见、不愿听。无论哪一种，都会给孩子及亲子关系带来伤害。

1. 听不全：让孩子陷入自我否定

我见过很多亲子沟通出现问题的家庭，大都是因为父母自诩"我吃过的盐比你吃过的饭还多"，因而当孩子诉说一件事情时，很多父母总是等不及孩子说完就匆匆打断孩子，然后提出自己的意见和看法。

就像场景一中的那对父子，孩子因为和同学吵架本来已经很难过，和父亲诉说这件事原本是想得到父亲的安慰，同时寻求这件事情的解决方法。但父亲根本不等他说完就匆匆打断他，还质疑他，把和同学吵架的原因归咎在他身上。

这种做法就是典型的父母听不全孩子的话，在孩子还在诉说自己内心的想法时，父母丝毫不顾及孩子的感受，随意打断孩子的发言，着急地向孩子传输自己的观点和看法。

很多时候，孩子的确需要来自父母的指引和帮助，但前提是要建立在以孩子的角度看问题之上。那些从父母的角度出发给出的建议和意见，大多数对于孩子来说根本不适用，而且这种不听完孩子的发言就随意打断孩子的做法，会让孩子陷入深深的自我否定和怀疑之中。不管父母是否像场景一中的父亲一样对孩子提出质疑，孩子都会怀疑自己原先的想法是否正确，是否真的是自己做错了，甚至陷入无端的自责中。

这样的经历多了之后，孩子容易产生错误的自我认同和自我价值感知。慢慢地，孩子会变得越来越不愿意社交，在和别人相处时也总是小心翼翼，当人际交往出现问题时，孩子也总会将原因归咎在自己身上。如果孩子长期抱有这样的想法，就会越来越封闭自己，这不仅不利于亲子沟通，而且还会影响孩子形成健全的人格。

2. 听不见：让孩子压抑自己的需求

这里所说的"听不见"并不是指父母在生理上听不见孩子说话，而是指父母在心理上听不见孩子内心的声音，又或者明明听懂了孩子的心里话，但选择置之不理。

比如，场景二中的那位妈妈，孩子已经明确地告诉了她自己不喜欢吃胡萝卜，但她还是因为觉得吃胡萝卜对眼睛好，不断地给孩子夹这道菜，并且强迫孩子吃完。这位母亲并非没有听见孩子的话，只不过她选择了忽视。实际上，是否应该继续要求孩子吃胡萝卜并不是这件事的重点。即便妈妈仍然认为孩子应该为了健康接受这道菜，她也应该在孩子提出异议时耐心给予答复，而不是对孩子的需求采取极端消极的应对态度，强势地以近乎逼迫的方式让孩子接受。

这样的态度会让孩子认为自己的不顺从是不被允许的，长此以往，孩子始终得不到父母正面的理解与回应，需求也得不到满足，那么孩子在父母面前就会不断压抑自己的需求。因为在孩子看来，自己说什么父母也不会听，即便听了也不会照做，索性就什么都不说，干脆也不再做无谓的抵抗。

如果孩子在父母的面前连最真实的需求都不能表明，又怎么指望孩子能够对父母敞开心扉，向父母诉说自己内心的想法呢？父母不了解孩子内心的想法，又如何能和孩子更好地沟通呢？

3. 不愿听：破坏孩子对父母的信任

伏尔泰说："耳朵是通向心灵的路。"我遇到过很多父母，一边抱怨无法走进孩子的内心，一边又亲手把这条路堵死。

就像场景三中提到的那位妈妈，孩子本来兴高采烈地要和她分享当天在学校里发生的趣事，可她却毫无兴趣，甚至三言两语极其不耐烦地就把孩子想说的话挡了回去。孩子原本满腔的兴致和热情瞬间被浇灭，整个人一下就蔫了。在多次被打消分享的积极性与乐趣之后，孩子便不愿意再和父母分享这些事情了。

经过和众多父母的深入交谈，我发现大部分父母不愿意听孩子说话，是因为在这些父母看来，孩子说的话根本就是"废话"，听或者不听都不会对孩子造成什么影响，即便认真听了也不会给孩子带来什么好处，还白白浪费了时间。所以当这些"废话"出现在他们耳边时，他们就会感到不耐烦，打断孩子的发言，甚至以自己的判断叫孩子不要再关注这些无用之事。

这些父母不知道的是，他们不愿意听的"废话"，对孩子来说往往有着极其重要的意义，因为孩子在用这些"废话"传递他的情绪，向父母描绘自己眼中的世界。尤其是对那些年纪稍小、表达还不是很顺畅的孩子来说，这些看似无用的"废话"里面其实隐藏着孩子的小情绪和小心思，是父母了解孩子的最佳窗口。

如果父母总是对此采取忽略、漠视的态度：一来会破坏孩子想要表达的欲望，进而影响到孩子语言表达能力的成长；二来会让孩子认为父母不是一个好的倾听者，进而破坏孩子对父母的信任。

当孩子不再信任父母时，亲子沟通这件事就会变得越来越困难，父母再想要走进孩子的内心将会难上加难。

比起不会好好说话，不会好好听话才是很多父母亲子沟通中的核心问题。懂得倾听是有效沟通的前提和基础，想要建立亲子间好的沟通关系，父母应该放下身段，认真倾听孩子内心的声音。

4.1.2 有效倾听的三大原则，让关系更亲近

大多数父母总认为："倾听孩子不就是竖起耳朵听孩子说吗？这有什么难的！"但是据我观察和了解，极少有父母能够做到真正沉下心来倾听孩子说话。

父母的身份让他们总习惯用一种高高在上的态度审视自己的孩子，所有和孩子相关的事情，他们都急于给出自己的意见和看法。等到亲子沟通出现问题时，父母才猛地想起来自己好像一直以来都忘记了倾听孩子说话。

倾听孩子说话无关技巧，它更多的是一种态度。父母如果想要了解孩子的内心，从而让亲子沟通变得更加顺利，遵循以下三条倾听原则很有必要。

1. 开放包容

开放包容这一点强调了两点内容：一是父母在倾听孩子说话时要放下自己的身段及高高在上的审视态度，平等、真

诚地听孩子说；二是父母对孩子所说的一切事情要采取一种包容的态度，无论孩子说的是好的、不好的、开心的、不开心的事情，哪怕只是无聊的碎碎念，父母也要认真听孩子说。

记得在女儿刚上幼儿园时，每次我去幼儿园接她，她总会在见到我的那一刻便叽叽喳喳地说个不停。从她的话里，我大概能知道今天幼儿园发生了什么事情，幼儿园中午吃的是什么，老师给孩子们放了什么动画片，以及她今天和哪个小朋友接触比较多等。

在女儿说这些的时候我从来都不会打断她，而且还会微微躬下身子认真地听她说。因为我想知道她不在我身边的时候是什么样子，听她说无疑是最好的一种渠道。

况且这样的互动还能有效锻炼孩子的表达能力，让她学会表达自己。同时孩子也会因为自己的想法得到了父母的倾听，从而在心态上变得更加积极乐观。

2. 适时反馈

适时反馈这一点强调的是在孩子说话的过程中，我们要在适当的时候给予孩子反馈，让孩子知道我们在认真地听他们讲。这种反馈可以是语言回应，也可以是动作、表情回应，如点头、微笑，或者是提一个简单的问题。

总而言之，就是要给孩子一个信号，让孩子知道父母在认真地听，而不是敷衍地装装样子。这一点很重要：一来可以鼓励、引导孩子继续往下说，让彼此谈话的内容更加深入；二来可以有效地建立、增强亲子间的信任关系。

但是要注意，强调反馈的重要性并不是鼓励打断行为。贸然地打断孩子的发言可能会让孩子失去继续说下去的热情和勇气，一旦孩子不想再说话，亲子沟通就很难再进行下去。

3. 保持同频

保持同频强调的是父母在倾听孩子说话时要保持一定的敏感度，站在孩子的角度感受孩子的情绪和状态，然后让自己尽量保持和孩子一样的情绪和状态。

简单来说：当孩子感到开心时，我们表露出来的也应该是一种开心的状态；当孩子感到难过时，我们表露出来的就应该是一种理解与关心的状态，必要时再表现出鼓励的情绪。从而让自己在情感上和孩子保持同频，并且能及时给予正向的影响。

这样做是为了让孩子完全地放下防备，在父母面前敞开心扉，把父母当成好朋友一般，向父母吐露自己内心的想法。

以上就是亲子沟通中有效倾听孩子的三大原则，这三大原则都要基于一个客观基础——真实。无论态度、行为还是情感，我们都应该在孩子面前呈现一个真实的自我，一旦让孩子看出来我们在倾听时只是做一做表面功夫，将会为亲子沟通增添障碍。

4.1.3 "望闻问切"，高质量地倾听孩子

我们常常说要把孩子当成一个独立的人来对待，要尊重孩子，那怎样做才算得上是尊重呢？愿意俯下身来倾听孩子说话，其实就是一种尊重。

倾听是一种能力，也是亲子沟通的基础。要想通过倾听为亲子沟通奠定良好的氛围和基础，知晓倾听时应遵循的原则还远远不够。

作为新时代的父母，我们还应深入了解倾听孩子的正确做法。前文我在阐述父母要学做"医生"才能走进孩子的内心时提到了一个中医用语——"望闻问切"。通过研究我发现这个概念应用在倾听孩子说话这一方面也很合适。

1. "望"：注意力集中在孩子身上

许多父母在倾听孩子说话时最容易犯的错误就是心不在焉，很多时候都是一边做着手头上的事情，一边听孩子说话。这会让孩子感到不被尊重，他有可能会因此而变得气馁，严重的还会给孩子制造一种自己在父母心里不重要的错觉。

所以，学会倾听孩子说话，我们要做的第一步便是在孩子向我们表达自己时，将百分之百的注意力放在孩子身上，全神贯注地听孩子说。

在这个过程中，父母最好是能够蹲下来或坐下来，和孩

子保持在同一水平线，让自己和孩子产生目光上的接触。如果我们总是站着和孩子交流，巨大的身高差无形中会给孩子带来一种压迫感，让孩子变得不敢说话。而平视的举动会让孩子感受到父母愿意倾听的态度，无形中为孩子的表达行为带来了鼓励，营造出一个好的诉说场景。

2."闻"：学会听孩子的弦外之音

"闻"指我们要通过观察和对孩子的了解，听懂孩子说的话具体代表了什么含义，特别是那些孩子无法或者不愿意用语言表达的内容，用一句话来解释就是"听话要听音"。

需要特别强调，在这个过程中，父母要转化思维、放下偏见，认真倾听孩子说的话，哪怕只是只言片语，这其中可能包含了很多值得我们关注的信息，有助于我们更好地了解孩子。

总而言之，在倾听孩子说话的过程中，父母要像一位翻译官，懂得翻译孩子的语言、行为甚至表情，明白孩子想要表达的意思，细细揣摩孩子内心深处的想法。

这是倾听孩子的第二步，也是建立亲子信任的关键一步，这一步做到位之后，接下来的亲子沟通会顺畅很多。

3."问"：回应孩子的情绪感受

倾听孩子说话的原则之一是要适时给予孩子反馈，这样做的目的是让孩子知道父母在听他说话，给予他继续说下去的勇气和信心。

　　这里说到的"问"并不是专指问孩子问题，而是指在倾听孩子的过程中，父母可以通过一些精短的、孩子能够听得懂的语言回应孩子的情绪感受，从而帮助孩子完全敞开自己的心扉。

　　需要父母格外注意，在给予孩子回应时，我们不能带有太强烈的说教和指责情绪，哪怕孩子正在说的是一件比较负面的事情，我们也不应该粗暴地打断并急切地指责孩子。这会让孩子把原本想说的话瞬间吞回肚子里，让父母错过了解孩子内心真实想法的机会。最好的做法是认真倾听完孩子的想法，再针对孩子脑海中一些比较负面的情绪或思想，平等地和孩子进行沟通、交流。

　　"问"是倾听孩子说话的第三步，这一步做好了能够给予孩子满满的安全感，孩子的心扉会完全向父母敞开，亲子之间的距离也会越来越近。

4. "切"：切身体会孩子的感受

　　养育过孩子的人都知道，很多时候孩子的心扉向父母敞开只是一个瞬时状态，有的孩子可能在一瞬间想要和父母诉说自己内心的想法，但片刻之后，孩子又关上了心扉。

　　想要让孩子的心扉持续性地向父母敞开，父母还需要在倾听孩子说话时切身体会孩子的感受，和孩子产生共鸣，这也是我在前文提到的倾听孩子说话的一大原则，即和孩子保持同频。

在这一步，父母可以尝试以自己的理解去描述孩子的感受，这种描述可以是简单的语言，也可以是表情，甚至是肢体动作都可以，目的就是让孩子知道父母可以体会他的喜怒哀乐，而且永远都会和他站在同一边。

这种感同身受可以很好地帮助亲子之间建立认同感，当这种认同感成功建立时，孩子就会愿意把父母当成很好的倾诉对象，向父母诉说自己内心的想法。

教育家周弘说过："要想和孩子沟通，就必须学会倾听。倾听是和孩子有效沟通的前提。不会或者不知道倾听，也就不知道孩子究竟在想什么，连孩子想什么都不知道，何谈沟通？"倾听是整个沟通过程中非常重要的一环，每一位父母都应该意识到它的重要性，并学会正确地倾听孩子说话，这不仅仅对孩子的成长有利，对构建好的亲子关系也有诸多好处。

4.2　沟通时，多共情

父母学会亲子沟通的第二"多"是"多共情"。

有父母曾向我反馈："姜老师，在和孩子沟通的时候，我已经尽可能地压制住自己想说的欲望，沉下心来听孩子讲了。比起原来，他在我面前的话确实多了一些。但是我感觉还不够，他对我还是不够亲近，而且我感觉他内心依然有很多想法还不愿意告诉我。"

我回答："原因很简单，因为在亲子沟通的过程中，除了倾听孩子说话，还有一件事你没有做到，那便是和孩子共情。"

许多父母因为意识到了倾听孩子说话的重要性，所以在倾听孩子说话这一方面已经做得很好。但是如果这种倾听只停留在生理层面，迟迟不进入心理层面，父母做不到切身体会孩子的感受的话，亲子沟通也只会停留在表层，很难进入更深层次。

因此，在和孩子沟通时，父母除了要倾听孩子说话，还应该学会与孩子共情，站在孩子的角度切身体会孩子的感受，如心理学家亚瑟·乔拉米卡利所说："只有当我们能够真正理解他人的感受时，我们的内心才将收获一直寻觅的融洽的幸福。"希望得到他人的理解、认同和支持是生而为人的一种正常心理需求，孩子也是。

如果父母只是做一个听孩子说话的"旁听者"，这样的倾听没有太大的意义。只有当父母认真倾听后能和孩子共情时，亲子之间的沟通才能进入正确的通道。

4.2.1 杜绝虚假共情，真正懂得孩子

许多父母对于"共情"的理解都是了解孩子的感受，有的父母会说："我的孩子我最懂了，单看他的眼神，我就能知道他心里在想什么，这一点都不难。"但是如果有人问这些父母和孩子的关系是否很好，亲子沟通是否顺畅，他们又会支支吾吾半天后说上一句"不太好"。

出现这种情况主要是因为父母自以为足够了解孩子，以为自己能够站在孩子的角度看待问题，殊不知自己已经落入一种虚假共情的陷阱里。比如，孩子放学后告诉母亲他今天在学校不小心摔了一跤，手都磨破了。母亲说："是不是因为下课和同学疯得太厉害，跑太快摔倒了。下次小心一点呀，

宝贝太可怜了。"

或许在很多父母的眼里，这种说法是一种非常正确的回答，既没有追究孩子摔倒的原因，又暗中责备和提醒了孩子，同时还通过表达自己的感受向孩子传递了自己的情感，和孩子产生了共情。

但是我要说的是，这种回答是错误的。因为这种说法实际上是在表达对孩子的同情，而非共情。虽然二者都在一定程度上表达了自己理解孩子的想法，但同情的本质是怜悯，即便感情再浓烈，它也无法产生共鸣。

许多父母之所以会陷入虚假共情的陷阱之中，是因为不了解什么是"共情"。

"共情"这一概念最早是由人本主义心理学家卡尔·罗杰斯提出的，他对"共情"的理解是咨询师能够正确地了解来访者①内在的主观世界，并能将有益的信息传达给对方，感受和察觉到对方的世界好像就是自己的世界一样，但没有丧失"好像"的本质。

如何理解？简单来说，我认为和孩子产生共情有两个关键要素，一是辨别孩子的情绪，二是感受孩子的情绪。说得再具体一点，就是当孩子向自己诉说一件事情时，我们要设

---

① 来访者：即前来访问的人，心理学中的来访者和咨询师为咨访关系，咨询师帮助来访者疏导心理问题。

身处地地体验他的处境，尽可能地站在他的角度感受和理解他的情感，同时以他的视角描述自己此时此刻的感受。

下面我们通过一个例子来深化理解这一概念。比如，孩子垂头丧气地拿着一张考得不太好的试卷回到家，和父母说自己这次考试没有考好。此时我们已经觉察到孩子的情绪非常低落了，我们下一步要做的就是感受孩子的情绪。

比如，我们可以对孩子说："哦，这次没考好啊？爸爸 / 妈妈理解你的感受，我也有工作做得不好的时候。不过我猜这次试卷是不是有点难啊？"

这才是共情，它要求父母在和孩子沟通时放下自己的偏见和价值观，切身进入到孩子的世界体会孩子的感受，站在孩子的角度感受一切，同时以孩子的视角描述自己的感受，再通过这种描述引导孩子继续说出自己的想法，从而让亲子沟通更加顺利。

要注意，如果父母对孩子说："没关系的，只是一次没考好而已，下次再继续努力就可以了。"这不是共情，而是忽略孩子的感受，这样的安慰不仅无法打开孩子的心，还会把孩子越推越远。

4.2.2 认可 + 强化 + 反馈 = 强共情

在对"共情"有了一个比较正确的认知之后，父母最关心的便是自己在沟通的过程中如何做才能和孩子产生共情。对此，我总结提炼出了三个步骤，帮助父母在亲子沟通时和孩子建立共情。

1. 认可孩子的情绪

这一步主要强调的是父母要通过孩子的语言、肢体动作和表情察觉孩子的情绪，并且要对孩子的情绪给予认可，然后将其描述出来。

比如，在沟通的过程中我们可以对孩子说："爸爸 / 妈妈看出来你有点生气，对吗？""通过你刚才的叙述，我感受到了你的难过。""你眼神中的喜悦之情都已经遮盖不住了呢！"这样的描述是在认可孩子的情绪，并且告诉孩子自己已经感知到了这种情绪，能够有效地拉近父母和孩子之间的距离。

当孩子向父母透露自己的情绪时，无论这种情绪是正面的还是负面的，父母都可以对他的情绪进行理解与描述。这样做除了能和孩子产生共情，还能够让孩子感受到被尊重、被理解和被信任，孩子也会更信任父母，更愿意向父母吐露自己的心声。

之后，无论父母再对孩子提出什么样的建议或意见，孩子都更愿意接受，亲子沟通的效率也会大大提高。

2. 强化孩子的情绪

认同孩子的情绪，是亲子沟通中父母与孩子产生共情的第一步，想要让父母和孩子之间的情感联结得更加紧密，父母还需要再进一步强化孩子的情绪。如何强化？具体来说是父母要以孩子的视角出发，帮助孩子找到产生某种情绪的原因。

尤其是针对一些比较低龄的孩子，父母这么做能够让孩子和自己更加亲近。在亲子沟通中，强化孩子的情绪一般来说有两种方式：一种是以"你"作为开头，反复阐述孩子的感受；还有一种是以"我"作为开头，表达自己的感受。

当以"你"作为开头时，我们可以这样说："你感到很开心，是因为你今天放学时把伞借给了离家较远的同学，你因为帮助了别人而感到开心，对吗？""你感到难过，是因为爸爸误会你了，你希望爸爸可以向你道歉，是吗？"

在反复向孩子确认他的情绪的同时，让孩子明白父母感受到了他的情绪，这能够给予孩子强烈的安全感，使孩子更信任父母。

当以"我"作为开头时，我们可以这样说："我很难过，因为你告诉我你今天和同学闹矛盾了，我很遗憾我之前没有教你怎么处理类似的矛盾。""我非常开心，你因为上课主动举手回答问题得到了老师的表扬，也谢谢你和我分享这份喜悦，我希望我在工作上也能像你一样勇敢。"

当我们在孩子面前表达自己的感受时，实际上是在通过这种方式主动和孩子建立、加强情感联结，让孩子知道我们始终与他身处同一视角的世界，感受他的感受，和他同快乐、共忧愁。

3. 反馈孩子的情绪

亲子沟通绝不只是为了和孩子产生共情，在和孩子产生强有力的情感联结之后，接下来我们要做的就是对孩子的情绪进行反馈。无论好的情绪还是不好的情绪，我们都要帮助孩子将这种情绪落地，教会孩子正确面对自己的情绪及其背后的事件，这也是亲子沟通的最终目的。

事实上，前两步也都是在为这一步做铺垫。在孩子的情绪得到安抚和认同之后，孩子和父母之间的沟通才会更加顺畅，并且对于父母所提出的一些想法和意见也更容易接受，教育在此时才能发挥更大的作用。

比如，我们可以对孩子说："爸爸 / 妈妈知道你很难过，你觉得同学误会了你。其实你可以找同学把这件事说清楚的。""你的开心，爸爸和妈妈都感受到了。我们也替你感到开心，但是在整件事情中有一点你可以做得更好。"这样层层递进，让孩子的情绪被看见、被认可、被接纳，同时父母站在引路人的角度给孩子提出一些建议和意见，父母就能够在和孩子建立情感联结的同时教育好孩子，引导孩子成长得更好。

在亲子沟通的过程中，共情是父母与孩子情感联结的桥梁，只有父母和孩子之间建立起这种情感的流动，沟通才能更加顺利、高效，父母和孩子之间的关系才会更加亲近。

4.3 沟通后，多接纳

父母学会亲子沟通的第三"多"是"多接纳"。

随着我国义务教育的普及，我们这一辈父母受教育的程度得到了很大改善，在教育下一代这件事上，这些父母不断寻求更科学的育儿方法，希望在教育好孩子的同时，收获一段好的亲子关系。

尽管学习了诸多育儿方法，但在亲子沟通这件事上，很多父母还是屡屡碰壁。比如，之前有一位妈妈同我抱怨："有育儿专家曾说，在和孩子沟通的过程中，父母要静下心来，倾听孩子的想法并学会和孩子共情，切身感受孩子的情绪。我已经尽可能照做了，但为什么孩子还是不能好好和我沟通呢？"

对此，我回答道："想要建立好的亲子沟通，除了倾听孩子说话、和孩子共情，还有非常重要的一点，那便是无条件接纳自己的孩子。尤其是在沟通之后，父母如果做不到无条件接纳孩子，即便前面沟通得再顺畅也无济于事。"

什么是接纳？接纳有一个严肃又现实的前提，即孩子并没有满足父母的期待。为什么这么说？因为如果孩子让父母感受良好，比如，他听话懂事、学习认真、乐观开朗，这些都无须考虑"接纳"。只有当孩子与父母的期待不符，甚至相差甚远，双方的观念、情绪产生冲突时，父母才需要接纳孩子。

换言之，接纳孩子从本质上来说指接纳孩子的"不优秀"。

4.3.1　允许孩子有自己的想法

电视剧《爱很美味》中有这样一段故事情节：30 岁的女儿失业后想要追寻自己的梦想，开一家属于自己的餐厅。在和父母反复沟通无果之后，选择了先斩后奏。后来父母得知女儿瞒着他们开了一家餐厅，急得直跳脚，一瞬间怒火中烧。

母亲指着女儿的鼻子大声呵斥："你胆子真是大了啊，这么大的事情都不和我们商量一下。迟早有一天你要把我们气死。"女儿对此没有作出回应，但我却在屏幕上注意到了这样一条弹幕："父母口中的商量就是要让孩子听他们的。"

的确，当前很多家庭的亲子沟通之所以总是不欢而散，就是因为父母拒绝尊重和接纳孩子的想法。父母总是只在孩子的想法和自己一致时，才对孩子表示赞同，一旦孩子的想法和自己不一致，父母就会表示反对，并且软硬兼施地想让孩子改变自己的想法。

可是两代人生长的时代毕竟有所不同，哪怕孩子从小和父母生活在一起，孩子也会和父母产生观念上的差异。如果这种差异一直得不到磨合，亲子间的沟通就很难再进行下去。

因此，为了让亲子关系不受到两代人观念差异的影响，也为了让下一次的亲子沟通更加顺利，父母在每一次和孩子沟通之后都应该进行心理建设，学会接纳孩子的想法。

比如，前段时间登上热搜的"汽修女孩"古慧晶，因为从小就喜欢闻汽油味、听汽车的轰鸣声，初中毕业后，她打算报考深圳第二职业技术学校的汽修专业。她的父母在听到这一想法时，虽然不理解，但也没有表示强烈的反对。

后来在听到女儿坚定地认为"这件事能给我带来快乐和满足，我就是喜欢"时，古慧晶父母把心中的不理解藏了起来，选择支持女儿的决定，然后告诫她："既然是你自己的选择，就要承担相应的结果，自己对自己负责，不许学到一半就抱怨或者后悔。"

2021 年 3 月，经过几轮比拼，古慧晶获得了广东省职业院校学生专业技能大赛汽车机电维修赛项的参赛资格，并一路过关斩将取得了一等奖，还在这场比赛里刷新了全校纪录。女儿在自己选定的道路上获得了专业领域内的优秀成绩，父母虽然不能完全理解这份陌生的荣誉，却在看到女儿的笑脸时也感受到了一种满足与幸福。

接纳孩子，允许孩子有自己的想法。这一点不仅对于亲子沟通至关重要，对孩子的整个成长过程乃至人生都十分重要。因为孩子在得到父母的支持后，更容易放下外界追究的眼光，坦然地做自己，强大而自信。

但是接纳归接纳，父母绝不可过度探查孩子的想法。我接触过不少父母，为了确保亲子沟通更加顺利，他们非常注重对孩子的全面了解，会想尽一切办法探查孩子的内心世界，甚至私自闯入孩子的个人空间，翻阅孩子暂时不愿公开的心里话——所有孩子愿意告诉父母的，不愿意告诉父母的，父母都想要知道。

这种做法只会压得孩子喘不过气来，从心理上更抗拒和父母沟通。原本想和父母沟通的事情，也会因为父母想要了解的心太过急切，而不愿意，或者不敢再分享给父母。

所以，作为新时代的父母，我们在和孩子沟通之后，除了要接纳孩子的想法，还应该学会给孩子一定的自我空间，允许孩子的内心藏有一些"小秘密"。既然孩子不愿意告诉父母，父母也就不必急着在这一时过度探查。

4.3.2　接纳孩子的负面情绪

绝大多数父母能够欣然接受孩子的开心与喜悦，但却很难接纳孩子的难过与悲伤。只要孩子在父母面前表露出愤怒、生气、伤心等负面情绪，父母就会感到烦躁，然后告诉孩子"不可以这样"。

然而负面情绪的产生是人之常情，身为大人的我们都难以避免，又怎么能强求心思更加单纯的孩子呢？我们应该明白，情绪是一种自然产生的感觉，是一个人对于周遭事物的主观感受，无论正面情绪还是负面情绪，都有其存在的合理性与必要性。

换位思考，当我们在生活中产生某种负面情绪时，我们是不是也希望周围的人能够理解这种情绪？同样地，当我们面对孩子的负面情绪时，我们也应该理解孩子此刻的心理需求，并学会接纳孩子的负面情绪，一来可以帮助孩子尽快释放负面情绪；二来可以给予孩子安全感，让彼此的关系更亲近。

当孩子在父母面前展露出负面情绪时，父母可以按照以下三个步骤来处理。

1. 对孩子的情绪表示认同

接纳孩子的负面情绪首先要做的一件事情就是对他的情绪表示认同，这样做是为了让孩子知道自己产生任何不好的情绪都是正常的、被允许的，自己完全可以坦然地面对它，无须遮掩。

如何才能让孩子知道父母已经认同了他的情绪？比如，父母可以对孩子说："你刚才提到的那种情绪，我曾经也有过。""爸爸／妈妈知道你有这种情绪是因为……，对吗？我非常理解你的感受。""你也想像其他小朋友那样得到老师的夸奖，但是老师似乎注意不到你，所以你很低落，对吗？"

这会给予孩子极大的安全感，让孩子感受到来自父母的爱和信任。同时，也能帮助孩子学会正视自己的情绪，当之后再产生类似的负面情绪时，孩子首先能够包容和接纳自己的负面情绪。

当然，有的父母可能会认为并不是孩子身上所展现出来的所有负面情绪都应该被认同和接纳。有这样的想法无可厚非，毕竟很多时候孩子真的很令人抓狂。当父母一时之间无法认同孩子的负面情绪，而孩子又比较执拗时，双方的关系就会僵在半空中，如果没有合适的契机，很难得到缓和。

面对这种情况应该怎么办呢？都说在这个世界上，父母是最了解孩子的。很多时候，孩子身上展露出来某种负面情绪，并不是他们真的很消极、低沉，而是因为他们不知道如何正确表达自己的需求，所以选择用这种方式来和父母抗衡。

父母要明白，每一种负面情绪的背后都有正面的动机。

当孩子因为某种原因展现出负面情绪，而父母一时又无法对这种情绪表示认同时，父母不妨换一个视角，尝试从另一个角度看到孩子负面情绪背后的正面价值。

为了让这部分内容更有参考价值，我把常见的孩子身上所展露出来的负面情绪进行了整理，并标注了对应的正面意义和价值，如表 4-1 所示。

表 4-1 孩子负面情绪背后的正面价值

负面情绪	正面意义和价值
委屈	孩子对父母的情绪投射在其他人身上
心虚	站了不该站的位置
烦躁	我不该在这里，可是我不知道该去哪里
无奈	我不该在这里，无力改变
嫉妒	把自己摆在低处，对方摆在高处
憎恨	不容许对方比自己高，同时无法提升，毁灭的力量
愤怒	给予力量去改变一个不能接受的情况
痛苦	指引找寻一个解脱方向
焦虑 / 紧张	事情很重要，已有的资料和能力不足，需要添加
困难	以为需要付出的代价比可获取的回报更大
恐惧	不愿付出，以为需要付出代价
失望	对他人，控制企图失败；对自己，不接受
悲伤	从失去中获得力量，更珍惜自己拥有的
愧疚 / 内疚 / 遗憾	以为完结的事情里仍有未完结的部分

2. 给孩子的负面情绪命名

在让孩子感受到父母对他们负面情绪的认同之后，我们还要给孩子的负面情绪起一个名称，这样做一来是为了帮助孩子对自己的情绪产生一个更为清晰的认知，二来有助于孩子在之后和他人的沟通中更直接地表达自己的感受。

比如，我曾带我四岁的女儿拜访朋友，朋友的女儿刚过完五岁生日，家里堆满了别人送的礼物，女儿看着那一堆玩具娃娃欢欣鼓舞，回过头来问我："妈妈，我可以玩吗？"我告诉她："这是姐姐的东西，你如果想玩的话需要征得姐姐的同意。"之后我和朋友有事要商量，便没有再顾及孩子。

回家的路上，我明显注意到孩子脸上的表情不对，和她说话她也爱答不理。一开始我并没有想要干扰她的情绪，但是她想了一会儿突然和我说："妈妈，我再也不想来这里玩了。"我回忆了一下，两个孩子刚才玩得挺好的，也没有发生冲突。我知道如果我强行地问她为什么，她一定会生闷气。

我便问她："让我来猜一猜你今天为什么不开心。你是因为看到姐姐家里有很多玩具娃娃，但是自己家里没有，所以感到不开心，对吗？"女儿点点头。我接着问："你很想要那些玩具娃娃，对不对？"女儿又点了点头。

我把女儿抱到腿上，告诉她："宝贝，你现在的感受可以用一个词来形容，叫作嫉妒。"女儿睁大了眼睛看着我，我继续说道："因为你看到姐姐有那么多的娃娃，但是你没有，所以你嫉妒她。不过没关系，嫉妒心理每个人都会有的……"

在我和女儿解释什么叫作嫉妒的时候，慢慢地她就忘记了自己刚才的那种感受，和我探讨起"嫉妒"这个词来了。

所以很多时候，当父母察觉到孩子的负面情绪时，不要以一句"不可以这样"一概论之，要帮助他分析当前的想法，教会他如何正确认识自己的情绪。这样做不仅可以帮助孩子对自己的负面情绪形成一个概念，也能够在当下分散孩子的注意力，帮助孩子从负面情绪中抽离出来。

3. 引导孩子处理负面情绪

在帮助孩子对自己当下的情绪有一个清晰的认知之后，父母还应该想办法引导孩子处理、释放自己的负面情绪。

比如，在我告诉女儿她现在的这种情绪本质上是嫉妒之后，我又问她："你记不记得你过四岁生日的时候，收到了什么礼物？"她想了想，然后告诉我她还记得的那些礼物，我又问她："那你喜欢那些礼物吗？"

她开心地告诉我："喜欢！"我便借着这个机会告诉她："你看，你之前也收到过很多礼物，你也很开心、很喜欢。所以没有必要嫉妒姐姐对不对？那下次我们来找姐姐玩的时候，带着自己的玩具和姐姐交换着玩，好不好？"

当女儿回答我"好"的那一刻，我就知道这件事在她心里已经过去了，而且我也相信她之后再遇到类似的事情也大概知道应该怎么处理了。

所以，接纳孩子的负面情绪非常有必要，这不仅有利于建立好的亲子沟通，对于孩子的健康成长也十分必要。

为了构建好的亲子关系，确保亲子间的沟通更加顺畅、有效，我们要学会无条件接纳孩子，孩子做得不好的事情，我们要接纳，孩子产生的负面情绪，我们也要接纳。之后再结合当时的具体情况，对孩子进行教育，帮助孩子成为一个更好的人。

但是要注意，我这里提到的无条件接纳孩子，并不等于要无条件接纳孩子的任何行为。如何理解？举一个例子，当孩子在和父母沟通的过程中，暴露出一些邪念时，如"要报复同学"等，父母要做的是接纳孩子已经产生这种错误想法的事实，但需要对他这种想法进行干扰、消解，告知孩子正确的观念，而不能盲目地认同、接纳他突破底线的想法和行为。这二者之间的利害关系，父母需要进行甄别。

只有这样，才能真正意义上做到接纳孩子，引导孩子朝着正确的方向走去，为建立好的亲子沟通和构建好的亲子关系奠定基础。

第5章
化解最大亲子矛盾："一力"

在如今这个社会，孩子的学习问题是亲子之间产生矛盾的主要原因。孩子不愿学、学不好，会令父母与孩子都感到痛苦无比，从而产生亲子矛盾。为此，父母应该掌握化解最大亲子矛盾的"一力"——提升孩子学习自驱力。

5.1 提升自驱力，动力为先

父母化解亲子矛盾，提升孩子自驱力的第一个方法是增强孩子学习动力，让孩子愿意学。

每次线下活动都会有许多父母问我："孩子不愿意学习怎么办？""孩子对学习总是三分钟热度怎么办？""孩子必须要父母监督着才能认真学习怎么办？"

"学习"是所有父母最关心的话题。孩子不愿意学、学不好，父母便会火冒三丈，很难控制住自己的情绪，亲子矛盾一触即发。此时，父母除了控制自身情绪，更应该学会引导孩子，让孩子知道他是为谁而学，再通过"三感"，让孩子爱上学习。

5.1.1 三个维度，让孩子明白为谁而学

想要解决一个问题，首先要找到问题的根源所在。父母要想激发孩子的学习动力，首先要明确导致孩子缺乏学习动

力的原因，即了解孩子内心的真实想法，弄清楚孩子到底为了什么而学习。

关于这个问题，我曾在线下做过一次问卷调查，大概有100个家庭的父母和孩子参与了这次问卷。事后，我将问卷进行了整理，最终得到的答案倾向于三个维度，分别是为父母而学、为得到奖励而学和为自己而学。

1. 为父母而学

有许多父母在教育孩子时总是习惯对孩子说："你要是不给我好好学习，你看我不打断你的腿！""你看看别人家的孩子每次考试都能考这么好，你就不能给我争口气吗？""就算不为你自己，为了我们这么多年的辛苦付出，你也必须给我好好学习。"

这三句话有一个共同点，每一句里面都有一个词——"给我"。我们总是习惯将自己的意愿和期望强加在孩子身上，仿佛孩子只是为了证明自己的一个工具，孩子的学习成绩好，自己的教育就成功，反之则失败。

长期受到这种思想熏陶的孩子就会在内心深处认为自己学习是为了父母，学习也只是一种交易。如此一来，孩子内心的积极性和主动性就会大大降低。因为在孩子看来，学习是父母的事情，自己只不过是一个"工具人"，既然是"工具人"，对待学习就没必要那么认真了。

久而久之，孩子就会慢慢丧失学习动力，学习成绩也会逐渐下降。

通常情况下，当人们做一件事不是为了自己时，即使前期动力再足，到了后期这种动力和积极性也会很快地流逝，至少比为自己做事时的动力流逝速度要快很多。因此，如果父母想要让孩子认真学习，应该在一开始就避免这种本末倒置的教育方式，不要让孩子觉得自己是为父母而学。

否则，等孩子长大之后明白其中的道理，就会反过来埋怨父母当时为什么要这样教育自己，到那时亲子关系受到影响根本不可避免，而且孩子长大之后受到影响的亲子关系更难缓解。

2. 为奖励而学

我见过许多父母，为了刺激孩子的学习积极性，提升孩子的学习动力，会采用物质激励的方式，比如，对孩子说："这次考试考到前三名，妈妈就奖励你一个玩具。""这次考试要是考到双百分，爸爸就带你去旅游。""只要学习成绩好，爸爸妈妈可以满足你的一切要求。"

这些父母认为这种方式可以很好地推动孩子，让孩子在学习这件事上愿意付出更多的精力和热情。但是我发现，很多父母在采用这种方式时并不能很好地把握其中的度，时常会引发"德西效应"。

　　美国著名的心理学家爱德华·德西在 1971 年曾做过一项实验，得出了一个让很多父母大跌眼镜的结论，即物质奖励对于人并不总是存在积极作用。

　　他把实验分成了三个阶段，每个阶段都让学生解答难题。第一个阶段，所有参与实验的学生都没有获得奖励；第二个阶段，爱德华·德西把参与实验的学生分成了两组，一组学生在解答完难题之后可以获得 1 美元的奖励，另一组则没有奖励；第三个阶段，爱德华·德西没有硬性要求学生答题，只是告诉孩子们可以自由活动，同时也可以答题，而项目组则把这个阶段内愿意答题的学生人数作为项目实验结果的指标。

　　结果发现：无奖励组的学生比有奖励组的学生愿意花费更多的休息时间解题，那些在第二个阶段获得过奖励的学生在进入第三个阶段后，解题的兴趣衰减得很快；相反，那些在第二个阶段没有获得过奖励的学生在到了第三个阶段后，对解题仍然抱有较为浓厚的兴趣。

　　这个实验也告诉父母，在教育孩子的时候过多地采用物质奖励的方式，对于激发孩子的学习动力并无太多益处，反而会削弱孩子的学习动力。

　　一旦孩子习惯了为奖励而学，学习就会逐渐偏离方向。孩子会认为学习就是为了获得奖励，和自我提升没有半点关系，抱着这样的心态学习，学习成绩很难得到提升。另外，如果有一天父母忘记给予孩子奖励，或取消了奖励机制：一方面，孩子会丧失学习动力；另一方面，孩子对父母的埋怨之情会油然而生，亲子关系也会因此受到影响。

3. 为自己而学

最后一个维度是为自己而学，事实上我注意到在问卷调查里，选择这个选项的孩子是最多的。这看上去很好，但是当我再有针对性地追问一些问题时，孩子们所表现出来的抓耳挠腮让我知道，虽然这些孩子选择了这个选项，但他们并没有真正理解什么是为自己而学。

比如，我追问过好几个孩子，一开始他们很坚定地告诉我他们学习是为了自己，但一系列的问题过后，他们的答案就有所转变，或是想要通过学习成绩来证明自己，或是想要用学习成绩来讨父母和老师的欢心，终归不是为了自己。

只要不是为自己而学，孩子心中的这份动力和激情就更容易因为受到外界的影响逐渐消减。正如中国教育学专家林格曾说："当孩子感到学习是为了别人，无论是为满足家长还是老师的要求时，学习的动力就会降低；当孩子的学习能满足自己的好奇心，能收获美感和满足感，不用别人催促和监督时，这种学习才是最有效的。"

换言之，那些发自内心地认为学习是为了自己的孩子，在学习这件事上有足够的自制力，能够自主地安排好和学习有关的事情，不用父母督促，也不需要父母或老师给予额外的奖励。他们甚至不会受到外界的干扰，一心只想通过学习提升自己。

在这样的状态下，父母不用焦头烂额地操心孩子的学习，亲子关系自然会更加亲密、和谐。想要达到这种状态，父母就要采取一些方法激发孩子的学习动力，让孩子爱上学习。

5.1.2　"三感"，让孩子爱上学习

在激发孩子的学习动力这件事上，父母究竟可以做什么呢？在阐述具体方法之前，我首先要强调一个观点：孩子抗拒上学、不爱学习是非常普遍且十分正常的事情，这是人的天性。如果父母仅仅因为自己的小孩厌恶学习就认为自己的孩子有问题，我不得不说，这是一种极其错误的想法。

为什么这么说？因为学习需要调动大量脑力进行思考，同时会耗费大量的人体能量，而人们本身的思维模式和生理惯性本质上对这些事情是极为抗拒的。相对于学习，我们的大脑其实更愿意"躺平"。不仅是孩子，大人也是如此，这一点，相信很多父母深有体会。

所以，父母不要再苛责自己的孩子不愿意学习了。我们

要做的是在理解和接纳的基础上给予孩子积极的引导和帮助，让孩子发自内心地爱上学习，这才是重点。

怎么做呢？在我看来，想要激发孩子的内在驱动力，促使孩子自发地学习，父母需要满足孩子的三种心理需求。

1. 联结感

联结感对应着"关爱"，这种心理需求指孩子做任何事情都希望得到父母的关注和支持。如果孩子在做某件事时能够感受到来自父母的爱和关怀，那么他在做这件事时就会有持续不断的信心和动力。

就拿陪孩子写作业这件事来举例，网上曾有段子调侃："不写作业母慈子孝，一写作业鸡飞狗跳。"有的父母甚至认为辅导孩子写作业简直比西天取经还难。

为什么只要辅导孩子写作业，亲子关系就容易闹得鸡犬不宁呢？原因就在于父母在辅导孩子时没有摆正自己的位置，没有和孩子产生情感上的联结。

父母如果总是用一种审视的态度对待孩子，时而对孩子提出批评和指责：一方面，会让孩子将大部分的精力转移到和父母的关系上，分给作业的精力少了，作业的质量自然不会太高；另一方面，孩子会感到害怕，当孩子察觉到做作业这件事让自己和父母都不开心时，就会在潜意识里躲避这件事。

如此一来，孩子就会本能地丧失学习动力。

想要让孩子从内心爱上学习，父母应该给予孩子情感上的支持，以一种平等的姿态和孩子共同学习、共同成长，让孩子感到学习这件事是快乐的，同时确保孩子在学习时不用再分散精力处理和父母的关系，从而能够全身心地投入学习。

总而言之，父母需要明白，所谓陪孩子写作业，我们重点陪伴的应该是孩子的情绪和状态，只有当孩子拥有积极的情绪和状态时，学习效率才会更高，孩子也才会更愿意学习。

2. 自主感

自主感对应着"有趣"，这种心理需求指孩子做任何事情都需要以趣味性驱动。如果孩子在做某件事时能够感受到它是有趣的、好玩的，那么孩子就会更积极、更主动地想要做这件事。否则，孩子就极易失去做这件事的动力。

正所谓"兴趣是最好的老师"。父母如果想要进一步激发孩子的学习动力，就要增强学习这件事的趣味性，从而让孩子觉得学习是有趣的、开心的。

比如，我之前结识过一位母亲，她的孩子偏科特别严重，对数学这门课十分抗拒。为了提高女儿对数学的兴趣，她把女儿的数学题设计成走迷宫或寻宝的形式，发现女儿的兴致提高了不少，每天做数学作业时也没那么抗拒了，后来数学成绩也慢慢得到了提高。

在我看来，这种形式是非常值得借鉴的。所以后来我在很多讲座中也告诉父母，想要激发孩子的学习动力，在平时就要营造一种快乐、轻松的学习氛围，让孩子觉得学习这件事是充满趣味性的。当孩子从学习中体会到趣味时，不用父母督促，孩子自己也能很主动地学习，而且这种自主式地学习最终取得的效果比由父母督促着学习要好很多。

3.胜任感

胜任感对应的是"成就"，这种心理需求指孩子做任何事情都需要正向的结果来激励，如果他们通过正向结果感受到自己能胜任某件事，或者克服了某个困难，就会发自内心地认为自己很棒，继续做这件事的动力也会更足。

比如：孩子在没有寻求帮助的情况下做对了一道以前不会做的数学题，他的内心就会产生一种成就感，认为自己能够胜任这件事，如此当他再面对类似的数学题时，就不会再感到害怕，反而会更有动力；与之相反，如果孩子努力了依然没能解决一道难题，他的内心就会产生一种挫败感，这种挫败感会大大打消他的积极性，当他再面对学习时，内心的动力就会越来越少。

这一点说明什么呢？说明父母在平时对孩子的学习管控这一方面，不能一概而论。应该根据孩子的能力来安排学习内容，保证孩子的学习内容和他的能力相匹配，在此基础上因材施教，引导孩子在对自身价值的感知中逐渐取得进步，满足孩子的胜任感。

要注意，在这个过程中尤其不能以别人家的孩了作为标准来评判自己家的孩子，不要总是将"别人家的孩子……"挂在嘴边。因为这是一种极其错误的做法，不仅会影响孩子对自我的评价，还会对亲子关系的构建产生极其严重的不利影响。

当然了，在满足孩子的胜任感这一点上，父母能做的还有很多。比如，经常就学习这件事肯定孩子，只要孩子取得进步就不要吝啬对孩子的赞美，或者以前犯过的错误最近没有再犯，又或者孩子最近的学习状态和态度比以前更好了，父母也可以对孩子表示肯定。我曾见过一位母亲，她连孩子作业本上的字比以前写得更好了都会对孩子大加赞扬。

另外，在满足孩子的胜任感这一方面，父母不应该只局限于孩子的分数和名次，应该开阔自己的眼界，多维度观察孩子，注意到孩子身上各方面的优点或进步。这能够帮助孩子获得成就感，对于激发孩子的学习动力也是非常关键的。

以上便是激发孩子学习动力的具体方法。父母应该明白，学习是一件由内而外的事情，如果父母只是为了让孩子取得好成绩，由外向内地对孩子施压，最终的结果只会适得其反。只有让孩子自发地学习，最终的效果才会更好，亲子关系也会更加亲密、和谐。

5.2 提升自驱力，习惯为链

父母化解亲子矛盾，提升孩子自驱力的第二个方法是培养孩子的学习习惯，让孩子快乐学。

我曾接触过一位教学经验丰富的老教师，她告诉我，在老师眼里真正学习好的学生并非智商很高的孩子，而是从入学开始就养成了良好学习习惯的孩子。她说："从长远的角度来看，养成好的学习习惯比具备较高的智力更重要。"

道理浅显易懂，但实际操作起来却十分困难。在现实生活中，有很多父母因为孩子没有养成好的学习习惯焦躁不安。这些父母非常迫切地想要帮助孩子养成好的学习习惯，可是他们又担心逼得太紧会影响孩子的情绪，从而使得孩子抵触、反感自己，一旦亲子关系遭到破坏，再想干涉就更困难了。

想要帮助孩子养成好的学习习惯，让孩子快乐学，父母应该怎么做呢？

5.2.1　好习惯 > 天赋 + 努力

如今很多父母都知道拥有好的学习习惯对于提升孩子的学习成绩很重要，也知道在平时要帮助孩子养成好的学习习惯。但是如果问这些父母哪些习惯才是好的学习习惯，他们又会非常困惑，只知道对孩子而言，不看手机、不玩游戏就是好习惯。

的确，当前我们处在一个信息化的时代，电子产品除了给人们的生活带来便利之外，也给人们的行为习惯带来了一定的冲击。很多孩子因为电子产品的影响，变得颓废、消沉，也有孩子因为过于痴迷电子产品导致成绩一落千丈，甚至有的孩子因此而辍学。所以这也导致很多父母局限了自己的眼光，认为只要孩子不沉迷于电子产品就能拥有好的学习习惯。

事实上，帮助孩子养成好的学习习惯远没有这么简单，我们也不能单一地以孩子是不是沉迷于电子产品作为孩子是否具备好的学习习惯的评判标准。

那么，究竟什么样的习惯，才能称得上好的学习习惯呢？细分下来，好的学习习惯非常多，在这里我主要列举三个非常典型的习惯进行阐述。

1. 懂得合理规划时间

过去，有不少父母向我反映，孩子的作业正确率比较高，但是拖延症非常严重。老师布置半小时能完成的作业，孩子要磨磨蹭蹭地用一个多小时才能完成，几乎每天晚上都要到十一二点才能睡觉。结果就是第二天早上总也叫不醒，上学总是迟到。

孩子做作业慢有很大一部分原因是不懂得合理规划时间，因为时间分配不合理，导致学习效率特别低，即便最后勉勉强强地完成了作业，也会感到非常疲惫。父母如果在一旁全程陪伴更会感到心力交瘁。

与之相反，如果是懂得合理规划时间的孩子，写作业、学习就会很有计划，知道自己在什么样的时间该做什么样的事情，在整个过程中做到有条不紊、张弛有度，学习效率也会非常高。

所以，父母在平时要注意多观察，了解自己的孩子是否善于合理规划自己的时间。如果不是，那么之后就要多引导他养成做计划的习惯，学会合理分配学习时间。

2. 善于思考、懂得提问

孔子曾说："学而不思则罔，思而不学则殆。"思考是一个非常重要的学习习惯。如果孩子只知道闷头学习，从来不思考为什么要这样学，那么他很有可能会变成一个"考试机器"，而且还会形成一种思维定势，一旦学习的形式或内容发生变化，他很难做到举一反三，学习成绩也很难有所突破。

孔子还说过："敏而好学，不耻下问。"这一句话强调了提问的重要性。在学习的过程中，提问是一个非常重要的习惯，它是孩子主动学习过程中一个非常重要的体现。提出问题，才表明孩子在思考、钻研，提出的问题越复杂越说明孩子对这个问题感兴趣，孩子在这件事情上所取得的突破和成绩才会越大。

学习最忌讳的是浅尝辄止、一知半解。父母想要帮助孩子养成好的学习习惯，在平时应该鼓励孩子多思考、多提问，在思考和提问中不断精进自己的学习能力和水平。

3. 在学习时足够专注

有父母曾这样向我描述孩子学习时的状态："如坐针毡，好像身上有很多只小蚂蚁在爬一样，最多只能坐半个小时……"

不得不说，当前有很多孩子学习的状态都与之类似。这些孩子在学习时总是不够专注，一会想着这个，一会想着那个，很难投入到学习的状态中。在这样的情况下，孩子体会不到学习的乐趣，提到学习想到的也只有疲惫和心累，学习成绩当然很难得到提升。

想要提升孩子的学习成绩，父母要帮助孩子养成专注的学习习惯，引导孩子在学习时把所有的注意力都集中在学习这件事上，更好地进入到学习的状态中，从而促进学习效率的提升。

正如《弟子规》中说的那样："方读此，勿慕彼，此未终，彼勿起。"孩子如果想要真正地汲取到知识，取得学习上的突破和进步，在学习时就应该养成专注的习惯。

在培养孩子的学习习惯这件事上，父母需要形成一个认知，那便是"好习惯＞天赋＋努力"。好习惯是拥有好的学习成绩的基础，同时也是帮助孩子走向成功的关键。即便天赋再高、努力再多，如果没有好的习惯加以辅助，最终只能是"竹篮打水一场空"。

5.2.2　三大策略，培养好的学习习惯

世界著名的哲学家培根曾说过："习惯真是一种顽强而巨大的力量，它可以主宰人的一生。"因此，人从幼年起就应该通过教育培训养成一种好的习惯。

在知道了哪些行为是好的学习习惯之后，父母还应该帮助孩子养成好的学习习惯。具体怎么做呢？我总结了以下三大策略。

1. 营造好的学习环境

很多父母只要一看到孩子学习不认真，就会有一阵怒火冲上心头，于是马上冲上前去，拧着孩子的耳朵，提醒孩子

认真一点。还有一种父母，在辅导孩子学习时总是习惯性地打断孩子，只要发现孩子哪道题做错了就马上打断，还会用自己的方法指导孩子。

这两种做法对于孩子养成好的学习习惯都是极为不利的。首先，如果父母总是盯着孩子，孩子就会养成一种依赖，只要发现父母没有盯着自己就会松懈、走神；其次，如果父母总是在孩子写作业时打断孩子，孩子就会诚惶诚恐，唯恐自己出错，全部的精力都集中在希望自己不要受到父母责罚的担心中，根本没有精力沉浸到学习中。

想要帮助孩子养成好的学习习惯，父母首先要给孩子提供一个好的学习环境，不要过多地干涉孩子。

父母要知道，自己在孩子学习的过程中只起到辅导和陪伴的作用，即便坐在一旁辅导孩子，也应尽可能地尊重孩子自己的想法和主观能动性，而不是一味地让孩子按照自己说的去做，这样只会一再打消孩子的积极性。另外，父母还要注意在孩子学习时不要打断孩子，如果注意力总是被打断，孩子日后就很难集中精力做一件事。

2. 制订合理的学习计划

众所周知，一个好的习惯从来都不是一两天可以养成的，一个人如果想要养成一个好习惯，需要一次又一次地重复、执行，积累到一定的时间才能养成。不管是孩子还是大人，都有一定的惰性，尤其是孩子，每天面对的诱惑过多，如果没有一个很好的规范和计划，很难养成一个好的习惯。

为了帮助孩子养成好且持续的学习习惯，父母要帮助孩子制订合理的学习计划，引导孩子在合理的时间做合理的事情，同时在这个过程中给孩子立规矩。

比如，每天放学回家后，父母可以规定孩子吃过饭后首先要做的事情就是写作业，而且要在规定的时间内完成，不能拖到临睡前。在制订计划的同时，父母可以制定一些奖惩规则，引导孩子养成好习惯。

当然，在帮助孩子制订学习计划的同时，父母还不能忽视孩子的主体地位。因为执行计划的是孩子本人，父母一定要尊重孩子的意见，在制订计划时也要询问孩子的意见。连续几次之后，就可以尝试着放手让孩子自己制定计划，效果会更好。

另外，父母在帮助孩子制订学习计划的同时还可以给孩子设定一些合理的学习目标，激励孩子朝着目标奋进，积极主动地学习。

3. 尊重孩子的主观能动性

父母希望孩子养成主动学习的习惯，还有非常关键的一点是要尊重孩子的主观能动性。每个孩子天生的习惯都有所不同，父母希望孩子养成好的学习习惯，但是不能过于打压孩子的天性，这样只会适得其反。

尊重孩子的主观能动性主要包括两个方面。首先，父母在该放手时要放手，不要过多干预孩子的学习，孩子如果不向父母求助，父母尽量不要插手孩子的学习事务；其次，父母要多听取孩子的意见，引导孩子积极思考，比如，前文提到的制订学习计划，父母在引导孩子做过一两次之后，就可以让孩子自行安排。

做到以上这两点，父母和孩子之间的信任感会大大增强，孩子会因为得到了父母的信任不断努力，从而更好地进步与成长。

简言之，父母想要帮助孩子养成好的习惯，应该客观地看待孩子，并且充分尊重孩子的个性。在这个过程中，不断发掘孩子的优点，并帮助孩子把自身的优点培养成一个个好习惯。

最后，我还想强调一点，在帮助孩子养成好习惯的过程中，父母除了规范孩子的行为，还应严格规范自身的行为，要求孩子做到的事情自己首先要做到。只有这样，父母对孩子的教育才能起到立竿见影、事半功倍的作用。

5.3 提升自驱力，方法为要

父母化解亲子矛盾，提升孩子自驱力的第三个方法是帮助孩子掌握学习方法，让孩子高效学习。

"双减"政策颁布实施后，许多父母变得忧心忡忡。他们担心离开了课外辅导班，孩子的学习会跟不上班级的进度。有一位妈妈对我说："班上的孩子太多了，老师根本不可能照顾到每个孩子。而我们家孩子只要没有老师在旁边盯着，学习起来就东一榔头，西一棒槌的，毫无章法，这样下去成绩肯定会下降的。"

孩子不讲究学习方法让这位妈妈感到焦虑，而我也隐隐开始担忧她和孩子之间的关系。通常情况下，如果父母感到焦虑，在和孩子相处的过程中就很容易把这种情绪传递给孩子，使得孩子的情绪也变得糟糕。当孩子的情绪变得糟糕时，孩子对学习这件事就会更加抵触，亲子关系也会因此受到影响。

为了避免亲子关系遭到破坏，同时也为了提升孩子的学习效率，父母应该帮助孩子找到适合孩子自己的高效的学习方法。

5.3.1　"学习金字塔"，多感官一起学

　　"学习金字塔"理论是美国学者爱德加·戴尔于 1946 年提出来的一种现代学习方式理论。根据这一理论他做了一项实验，把一所学校的学生随机分成了两组，每组学生都被要求在两周内采用听讲、阅读、演示、讨论等不同的学习方式去学习同样的内容。两周后，这些学生被要求接受相同测试，测试结果表明他们的知识留存率从 5%～90% 不等，原因就在于他们的学习态度不同，最终获得的学习效果也截然不同，如图 5-1 所示。

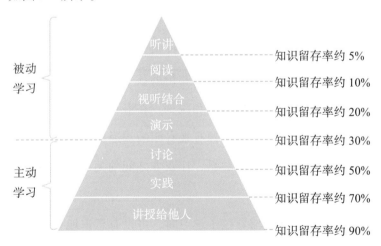

图 5-1　"学习金字塔"示意图

由此可以看出，不同的学习方法带来的学习效果也是千差万别。我们以往惯用的听别人讲授的方式在两周之后的知识留存率竟然只有 5%，这也警示着父母，在辅导孩子学习时，不能只是坐在孩子的旁边看着孩子学习，还应该在适当的时候介入，帮助孩子找到高效学习法。

作为父母，我们能做的有哪些呢？从"学习金字塔"中可以看出，父母可以做的有两点，分别是和孩子进行讨论及听孩子讲授。

第一，父母在辅导孩子学习时，可以和孩子一起讨论学习内容，以一种平等的心态和孩子一起学，这种方式能够很好地帮助孩子对知识加深理解和记忆。因为父母和孩子的思维方式不一样，所以看待同一件事物的方式也不一样，当两种思想进行碰撞时，不仅能够帮助孩子发散思维，还能让孩子对知识的理解更加全面和深刻，在潜移默化中帮助孩子提高学习成绩。另外，这种有来有回的沟通氛围能够很好地促进父母和孩子之间的关系，让双方之间的关系更加亲密与和谐。

第二，父母在辅导孩子学习时，可以有意识地把主动权交给孩子，让孩子尝试把自己学过的知识向外讲授出来。许多父母可能也发现了，教龄越长的老师在授课时越得心应手，除了经验积累的原因，还有很大一部分原因是老师日复一日、年复一年地讲解同样的知识，这种向外讲授的方式使得老师对知识的理解变得更加深刻、系统。

"学习金字塔"理论也表明，这种向他人讲授的方式可以更好地将知识保存在自己的脑海中，学习效率也更高。

条件允许的话，父母可以每天抽出 10～15 分钟时间，引导孩子向外讲授自己近期内学习了到了哪些知识。在向外讲授的过程中，孩子的大脑高速运转，使得混乱的、模棱两可的知识系统化、条理化。而且在器官运用上，讲授需要调动人体的眼、耳、口、脑，必要的时候还要辅以手势，这不仅可以帮助孩子更好地理解、消化知识，还能锻炼孩子的感官协调能力，进一步提升孩子的学习效率。

另外，父母采用这种方式还有一个好处是，孩子知道父母会不定期抽查自己，让孩子把知识讲授给父母听，因此，孩子在课堂上听讲时也会更加认真。这对于提升孩子的学习效率和学习成绩也有极大的促进作用。

除了上述提到的两种方法，父母还可以结合"学习金字塔"中的其他方法，根据孩子的实际情况，帮助孩子学习，提升孩子的学习效率。

5.3.2 思维导图复习法，让学习事半功倍

先贤孔子曾说过："温故而知新。"复习对于提升孩子的学习效率和学习成绩非常重要。通常情况下，如果没有特殊的方法加强记忆，人们对于学习过的知识：24 小时之后基本会忘记 30% 以上；3 天左右，人们就会遗忘这些知识的 70%；30 天之后，人们就会将这些知识全部忘在脑后。

很多父母都知道复习对于学习的重要性，但是很少有父母能够告诉孩子应该怎么复习。每次临近考试，许多父母只会叫孩子看书复习，如果孩子不愿意，可能又会引发一次小范围的冲突。

而且结合上文提到的"学习金字塔"，我们知道这种看书学习的方式效率比较低，孩子很难在脑海中形成完整的知识体系。知识无法构建成体系。孩子就很难拥有对知识举一反三的能力。

初期阶段，为了加强孩子的复习意识，父母可以要求孩子每天晚上抽出 5～10 分钟时间对今天所学的知识进行复习。一个知识点绘制一个思维导图，分支包括当天学到的重点、难点，这个过程可以很好地帮助孩子将今天所学的知识进行整理，让孩子对知识的架构更加清晰。

在孩子养成这个复习的意识之后，父母可以加强难度，

要求孩子每周对每天所绘制的思维导图进行整理，汇总成一张包含更多知识点的思维导图。在这个过程中，孩子能对这周学习过的知识强化记忆，同时也能让孩子发现这些知识之间的关联，对这部分知识形成更全面的知识体系。

之后，父母可以引导孩子每月将之前所整理的每周思维导图进行汇总，边汇总边记忆，汇总完之后将绘制完成的思维导图贴到书桌旁，帮助孩子加深记忆。需要注意，月思维导图和前两种有所不同，月思维导图因为涉及的知识比较多，所以不能再像前两种一样将所有的知识点都罗列上去，绘制月思维导图只需要填充关键词即可。

如果孩子的时间和精力允许，父母还可以帮助孩子在每学期末将整本书的知识进行整理绘制成思维导图，思维导图涵盖的知识点越多，越能锻炼孩子举一反三、融会贯通的能力。当思维能力不断增强时，孩子的学习效率自然就会提高。

思维导图复习法可以很好地将很多知识点进行概括，通俗一点来讲就是可以将一本厚书变薄，在对知识进行提炼的过程中，孩子的学习成绩也会逐渐进步。

学习是有方法的，方法对了才会有事半功倍的效果，改进学习方法的本质就是为了提高学习效率。父母可以参考以上提到的两种方法帮助孩子找到适合自己的高效学习法。

当然，每个家庭和每个孩子的具体情况都有所不同，哪一个学习方法更适合孩子也需要我们不断地加以尝试。在帮助孩子找方法的过程中，父母应该有足够的耐心，和孩子一起不断探索，帮助孩子找到最适合自己的学习方法。

在此过程中亲子关系也会在父母陪同孩子不断尝试、探索的这个过程中朝着积极的方向发展。

第6章

平衡多孩关系："三驾马车"

　　随着生育政策的不断调整，在新的社会情势下，越来越多的家庭响应国家政策，选择了生养二胎、三胎。相较于独生子女家庭而言，多孩家庭的争吵和矛盾更多。在多孩家庭中，父母应该做好平衡多孩家庭的"三驾马车"。

6.1 多孩家庭中最伤人的三句话

父母平衡多孩关系的"第一驾马车"是不说伤人的话。

2021 年六一儿童节前夕，国家有关部门正式出台"三孩政策"，鼓励一对夫妻生育 3 个子女。从 2013 年的"单独二孩"到 2015 年"全面开放二胎"，再到如今的"三孩政策"，国家这一系列的举措标志着独生子女时代终将落下帷幕，同时也宣告了多子女时代的回归。

"三孩政策"要落地实施，这一重任自认而然地落在了"80 后""90 后"这一代人的身上，可出生在独生子女时代的这些人，显然处理多孩亲子关系的经验不足。在新的社会情势下，多孩家庭的各方关系该如何协调，成为了摆在众多年轻父母面前的一道难题。事实上，很多孩子之间的矛盾源于父母所说的伤人话语，多孩家庭中最伤人的三句话分别是"你是哥哥 / 姐姐，必须让着弟弟 / 妹妹""照顾弟弟 / 妹妹已经很辛苦了，你别来添乱""谁听话我就喜欢谁"。

6.1.1 "你是哥哥 / 姐姐，必须让着弟弟 / 妹妹"

这句话 95% 的人都不陌生，小时候只要周围有比自己小的孩子，父母多半会这样教育自己。在多孩家庭中，这句话出现的频率更高，甚至在有些家庭中，孩子们都长大成人了，父母仍然会教导大的孩子让着小的孩子。

我有一位朋友，她是家里的长女，从小她就听着这句话长大，受了很多委屈。小时候，家里经济状况不好，但凡有什么好吃的、好玩的，父母都会给弟弟留着，弟弟挑选过一遍之后才能轮到她选；长大后，两个孩子同样面临成家的问题，父母也是优先为弟弟考虑。

所以当她和先生决定要生二胎时，她就在心里暗暗发誓：老二出生以后，一定不能偏心，而且要在老大身上投入比之前更多的精力，总之不能让老大像自己一样受委屈。为了监督自己，她还写了一份保证书放在自己的床头，其中还特意标注了一定不能对老大说要让着弟弟妹妹这样的话。

可随着老二出生后的一地鸡毛，再坚决的想法也被抛到了脑后，父母总是会无意识地教导老大让着弟弟妹妹。

"谁都知道一碗水要端平，但又有多少父母能真的做到呢？很多时候，为了平息两个孩子之间的矛盾，我总是会不由自主地叫老大让着弟弟，常常是话说出口了我才意识到。"这是前不久她和我聊天时说的话。

从事家庭教育工作十多年，类似的情况我见过很多。还记得之前我遇到过的一对父女，女儿向我控诉爸爸不相信她，我问她事情缘由，她告诉我她有一个五岁的妹妹，特别调皮，平日里总喜欢招惹她。有一次还把她刚写好的作业给撕了，当时她十分生气，冲着妹妹大吼了一声。后来知道整件事情经过的父母不仅没有责怪妹妹，反而质疑她为什么不把自己的作业本收好，而且父母还替妹妹解释："妹妹又不是故意的，你作为姐姐，就不能让着她吗？"

她告诉我，在他们家只要妹妹一哭，父母的回应永远都是："你比妹妹大，你要让着她。孔融让梨的故事你也学过，这个道理还用爸爸妈妈教吗？"无论她再怎么解释都没有用。她说有一次实在没忍住，鼓起勇气质问父母："明明是妹妹做错了，为什么每次都要我让着她，还要让我向她道歉？"父亲的回答于她而言，无疑是双重打击。父亲说："她年纪小不懂事，你也不懂事吗？"

似乎有了二胎、三胎后，很多父母就忘记了老大也还是个孩子。在很多多孩家庭里，只要有了弟弟妹妹，老大就天然地被赋予了很多责任，有些父母甚至经常责怪老大没有把弟弟妹妹照顾好。

但是作为多孩家庭的父母却要深思这其中蕴含的道理，同样作为父母的子女，如果其中一个总是被教导要让着另外一个，他的心里会怎么想，会不会怨恨父母，又会不会把对父母的怨恨投射到手足身上？

关于父母常用来教导孩子的故事——"孔融让梨"，我曾听过一个特别的解读：孔融让梨给兄弟，有一个非常重要的前提是梨先到了孔融的手里，孔融是先得到了才产生的谦让行为，如果一开始那个梨没有递到孔融的手上，可能故事的最终版本会有所不同。

谦让，本是中华民族的传统美德，父母教导子女学会谦让他人，这很有必要。但是谦让是有度且相互的，无论在一个家庭里，还是更大的人际交往场所，如果一个人总是被强迫要让着另一个人，而另一个人始终享受着对方的谦让不给予反馈的话，两个人的关系是不会长久的。而且谦让的前提是自愿，如今很多父母的行为都在要求孩子在没有得到的情况下学会谦让他人。本身都没有得到过，何来谦让一说呢？

换言之，哪怕只是为了培养、加深孩子们之间的手足情谊，让孩子们之间的关系更加和谐，父母也不能经常性地要求一个孩子让着另一个孩子。

当然了，也有很多父母和我朋友一样，在事后回忆时会强调自己说出口的很多话都是无心的，并不是真的偏心弟弟妹妹，更不是不爱老大。但孩子并不知道父母内心的想法，孩子在乎的只是父母有没有说过这样的话。所以哪怕父母是无意，对孩子来说也是一种莫大的伤害，时间长了，家庭里的各方关系都会受到影响。

6.1.2 "照顾弟弟 / 妹妹已经很辛苦了，你别来添乱"

这句话在很多多孩家庭中出现得也十分频繁，二胎或三胎出生以后，父母要抽出很多的时间照顾尚在襁褓中的婴儿。此时，如果大一点的孩子也想要父母的陪伴，脾气好、有耐心的父母可能会苦口婆心地告诉孩子："听话，弟弟 / 妹妹还小，还离不开人。你是哥哥 / 姐姐，要体谅妈妈的难处呀，对不对？听话，你自己先去玩，等妈妈把他哄睡了就来陪你好吗？"而那些脾气不好、没有耐心的父母会觉得孩子不懂事、无理取闹，他们可能会对孩子说："你都这么大了，就不能懂事一点吗？我照顾弟弟 / 妹妹已经很辛苦了，你就别来添乱了好吗？"

一个人的时间和精力是有限的，有了二胎、三胎之后，父母的确很难再抽出时间和精力来照顾大孩子，所以很多父母会理所应当地要求大孩子做一些力所能及的事情。比如，让他们自己照顾自己、自己玩耍。

这在很多大人眼中很正常，一些父母甚至会说自己这样做是为了锻炼孩子的独立性。但同样的事情在孩子眼中却是另一番景象：有了弟弟妹妹之后，父母几乎把全部的精力都倾注在了弟弟妹妹身上，很难再抽出时间来陪伴自己。原先百分百的爱，一下就被夺走了一半甚至更多，孩子的心理就会感到不平衡，甚至会怨恨父母或弟弟妹妹。

比如，在某个综艺节目中，一位二胎宝妈向大家讲述了自己养育二胎的心路历程。没生二胎之前，她每晚都会给大儿子读绘本，哄他睡觉，白天也有很多时间陪他玩耍，辅食也做得十分用心。但生了二胎之后，她每天要花 80% 的时间来照顾小儿子，对于大儿子，她根本抽不出时间和精力，于是便教导大儿子"自己的事情自己做"。

小朋友因为逞能和好奇，最开始那段时间非常配合，这位妈妈还因为大儿子的独立感到十分欣慰。可是有一天，一家人准备吃午饭，她刚把弟弟放到餐椅上，就听见哥哥突然对弟弟说了一句："我现在这么惨，全都是因为你。"毫无预兆，却令她全身发麻。

奥地利心理学家阿尔弗雷德·阿德勒曾说过："孩子总是把世界划分成泾渭分明或者完全对立的两个部分。"对于孩子而言，只有拥有父母全部的爱或者失去父母的爱这两个答案，至于很多父母口中的"我虽然在照顾弟弟妹妹，但这并不妨碍我爱你"，孩子根本无法理解。

在孩子的认知里，爱的体现，在于他们的需求有没有得到满足，只要需求没有得到满足，孩子就会认为父母不再爱自己，而抢走这份爱的"罪魁祸首"就是自己的弟弟妹妹。如果有了这样的认知，他们对父母及弟弟妹妹就会怀有更多的怨恨，如果这种状态一直得不到改善，极有可能影响到孩子们之间的手足感情及双方之间的亲子关系。

6.1.3 "谁听话我就喜欢谁"

我接触过的许多多孩家庭，父母为了能把孩子教育得服服帖帖，经常会对孩子讲："爸爸妈妈都只喜欢乖孩子，谁比较听话，我们就喜欢谁。"父母希望通过这种比较，引导表现差的孩子向表现好的孩子学习。

比如，我之前去亲戚家做客，他们家有两个孩子，分别是哥哥和妹妹，哥哥上小学，妹妹上幼儿园。两个孩子放学回来后，妹妹继续做在幼儿园没有完成的手工，哥哥则打开电视，看起了动画片。他们的妈妈看到这番情景，就开始指责哥哥："你看看妹妹，一回来就知道做作业。你一天到晚就知道看电视，能不能让我们省点心，什么时候能像妹妹一样讨人喜欢？"哥哥直愣愣地盯着妈妈看了许久，一言不发地关掉了电视，随后进了自己的房间。

后来，我从亲戚口中了解到，有一段时间他们家人发现妹妹的行为变得非常奇怪，全然不似之前那般乖巧，而且会故意做出一些不好的举动惹父母生气，比如，把饭菜撒到地上、拿彩笔在墙上画画、在厨房玩水等。起初，他们以为妹妹这样做只是出于小孩子的调皮，没有过多在意。可是妹妹的举动却越发奇怪，这让他们感到有些疑惑，了解后发现原来妹妹做的这些奇怪的举动都是受了哥哥的指使。

他们怒气冲冲地找到哥哥，质问哥哥为什么要教坏妹妹，得到的答案却让他们陷入了沉思。哥哥说，因为他们一直对两个孩子说"谁比较听话，我就最喜欢谁"，所以哥哥为了得到父母更多的关心和赞赏，就指使妹妹干坏事，让妹妹变得"不听话"，只要父母觉得妹妹不听话，自己就会受到父母的夸奖和称赞。

父母需要明白的一个事实是，当一个家庭里有多个孩子时，孩子们之间除了摆到台前的手足关系，他们之间还存在着一种非常微妙的竞争关系：每个孩子都想得到父母全部的爱。当他们都渴望得到父母的宠爱时，这种竞争关系就会显现出来。在争宠的过程中，父母只要对别的孩子有一点点偏爱，他们就会对这个孩子产生些许不耐烦的情绪，还会埋怨父母给自己的爱不够多，无论哪一种情绪都会对家庭关系产生不利影响。

因此，当父母决定要组建一个多孩家庭时，就要顾及这些因素，不要因为自己脱口而出的话伤害到孩子和家庭关系。

6.2　父母给孩子最好的爱，是专属的爱

父母平衡多孩关系的"第二驾马车"是给每个孩子专属的爱。

在一些多孩家庭里，老大排斥弟弟妹妹是一种常态。孩子们经常会为了一个玩具的使用权大吵大闹，甚至互相推搡，也会在心里暗自比较父母爱谁多一点。一旦孩子感觉到父母对自己的爱比较少，就会撒泼打滚、生气嚎哭，然后想尽各种办法争夺父母的爱。这些问题一直是多孩家庭的"痛"，如果处理不好，很有可能会造成严重的后果。因此我也经常和父母强调，比起教育，在多孩家庭中平衡好孩子们之间的关系才是最重要的。

现实生活中，许多父母为了协调好孩子们之间的关系，会反复强调每个孩子得到的爱都一样多，父母绝不会厚此薄彼。可尽管如此，孩子还是无法得到满足，他们依然会为了争夺父母的爱"斗智斗勇"。

事实上，孩子需要的并不是同样的衣服、鞋子、玩具，

也不是看起来同等的爱，孩子需要的是父母能够看到自己内心的真实需求，以及那份特别的理解和重视。换言之，孩子需要的是一份特殊且专属的爱。

6.2.1 孩子要的不是公平，而是偏爱

就像很多大人喜欢问孩子"你喜欢爸爸还是妈妈"一样，当孩子有了兄弟姐妹时，孩子就会不自觉地比较自己在父母心中的分量，会问父母更爱自己还是别的小孩。可是当父母保证，自己对每个孩子的爱都一样多时，没有一个孩子会感到开心。

为什么呢？因为同等、公平的爱在某种程度上来说就意味着更少的爱。无论大人还是小孩，在问到类似的问题时都希望对方口中的答案是自己。

有的父母可能会疑惑，难道公平还有错吗？手心手背都是肉，公平、同等地对待每个孩子难道不是最正确的做法吗？可提出这个疑问的父母没有想过，很多时候所谓的公平只是父母自己眼中的公平罢了。

比如，有的父母为了彰显公平，不管做什么事情或是买什么东西，都是一式多份，父母以为自己这么做孩子就不会吃醋。但父母只考虑到了孩子会不会吃醋，而没有考虑到孩

子是否喜欢。如果孩子内心不喜欢，父母做再多都是徒劳。孩子会认为父母对自己一点也不上心，既不了解自己内心的真实需求，又不愿意开口询问自己。敏感、偏激一点的孩子还会认为自己得到的都是顺带的，是因为别的孩子需要，所以自己才有，抱有这样的想法，孩子心里的落差自然不会小。

在大多数多孩家庭里，孩子计较的并不是物质上的平均分配，并不是别的孩子得到了什么，他们就一定要得到什么。孩子关注的点不是谁的衣服多、谁的房间大，而是谁得到的关注和陪伴较多。

比起父母一直在孩子面前强调的公平，建立孩子内心的信任感和亲密度，才是多孩家庭中更需要重视的。父母要明白来到这世界上的每个孩子都是独一无二的，即便他们都是从一个娘胎里出来的，性格、爱好也会千差万别。

所以，父母给孩子的爱也应该如同孩子本身一样，独一无二。只有将爱真正击中孩子的心，孩子才会发自内心地感受到父母的爱，孩子才会认为自己是不一样的存在，如此不必父母多说，孩子也知道父母很爱自己，便不会再计较父母爱谁多一点。

此时，肯定又有父母会提出质疑，本来一个孩子就已经非常耗费精力了，哪里还有那么多时间和精力去琢磨每个孩子的喜好。关于这一点，或许父母可以换一个想法，既然要给每个孩子关爱，那为什么不以孩子喜欢的方式，迎合孩子的喜好呢？而且想要知道每个孩子的喜好其实并不难。比如，父母在给孩子买衣服时，给喜欢蓝色的哥哥买蓝色的衣服，给喜欢绿色的弟弟买绿色的衣服，这就是一种专属的爱。

6.2.2　给每个孩子设定专属"特别时间"

对待每个孩子既要平等，又不能过于公平，这让很多父母犯了难。父母不知道什么样的方式才能做到既一视同仁又区别对待。

在一次活动中，一位妈妈分享她的育儿经验，她说他们家会在每周日晚上开一个家庭会议，将这周的重要事项提出来，然后根据每位家庭成员的实际情况设置"特别时间"，通过这种方式来平衡家庭关系。

怎么操作？首先是夫妻双方要根据自己的工作安排粗略计算出这周一共有多少时间陪伴孩子，其次和孩子们一起商量这些时间怎么分配，比如，一天的时间陪老大多久，陪老二多久，两个孩子在一起相处的时间是多久，父母双方和孩子在一起的时间又是多久……这些都要进行规划。

举一个例子，假设有一个二胎家庭，10岁的哥哥正在上小学，5岁的妹妹正在读幼儿园。由于上学、放学的时间有所不同，妹妹每天有更多的时间和父母待在一起。父母就可以将哥哥放学后的时间设定成父母和哥哥的"特别时间"，在这个时间段内，把关注和陪伴更多地给到哥哥，如果条件允许，最好是父亲或者母亲有一方能够一直陪伴在哥哥身边，给足哥哥安全感。

陪伴孩子的时间不用很多，半小时甚至 15 分钟都可以，而且不一定要很平均。但是要注意"特别时间"一定是持续性、高质量的陪伴，而不是打发时间的间歇性、低质量的"陪着"，这二者有很大的区别，带来的效果也截然不同。为了让孩子切实感受到父母的爱，父母应该认真、用心对待和孩子相处的时间。

父母可以事先告诉每个孩子，自己很希望能够和他共同度过这一段时间，而且可以和孩子一起为这段时间命名，让它成为彼此的"秘密花园"。同时，父母还需要做一件事情，就是在正式开启这段"特别时间"之前要采取相关措施保证这段时间不会被打扰。父母需要向全家尤其是另外的孩子宣布："接下来的半小时是我和×××的特别时间，这段时间你们谁都不要来打扰我们哦。"如果条件允许，父母可以关掉手机，排除一切外界干扰，专心享受和孩子待在一起的时光。

专门为每个孩子设定一段"特别时间"，会让孩子的内心得到极大的满足，可以让每个孩子感受到来自父母的关爱，也能让孩子们知道即便父母有几个孩子，对自己的爱和关心都不会少。当孩子抱有这种想法时，内心的抱怨和不满就会大大减少，整个家庭的关系也会随着孩子内心的平衡更加和谐。

6.2.3　关注每个孩子的个体需求

许多多孩家庭的父母发现，很多时候家里会出现一个孩子要什么，另外的孩子就会跟着要什么的情况。比如，哥哥提出来想要一个奥特曼的玩具，弟弟就会告诉父母他也想要，央求父母给自己也买一个，经不住弟弟的软磨硬泡，父母买了同样的玩具给两个孩子。

可父母在把玩具买回来之后，却发现弟弟和哥哥对玩具的爱不释手有所不同，弟弟根本没有表现出很高兴的样子，对玩具也没有多喜爱，玩了一会儿之后就把它丢到一旁，干别的事去了。此时，父母就会纳闷，明明玩具是弟弟要求自己买的，可为什么买回来他却没有想象中的高兴呢？

这是因为弟弟其实根本不想要那个玩具，央求父母买给自己只是因为哥哥想要，他只是想用这种方式证明父母很爱他。

面对这种情况，父母不责备孩子还好，一旦责备就会触发孩子内心的叛逆机制和嫉妒心理，他的内心会更排斥兄弟姐妹，也会抱怨父母。这样的经历多了，孩子的心理健康状况也会受到影响。

为了避免这种情况的发生，父母应当在日常生活中关注每个孩子的个体需求，千万不能笼统地认为每个孩子的需求、想法都是一样的。

我曾遇到过一位母亲，她给我分享了她自己育儿路上的经历和感悟。她有一对双胞胎女儿，妹妹性格活泼一点，非常喜欢芭比娃娃，在穿衣打扮上也很喜欢选择公主裙一类的裙装。这和她的想法不谋而合，她觉得两个孩子穿成一样走在街上一定会成为一道风景线。

所以，她在为两个孩子买衣服时都会买一样的，而且是按照自己和妹妹的喜好。姐姐对此也并没有提出异议，她以为姐姐也很喜欢这种风格的衣服，只是性格比较沉闷，不愿意表达。

但随着孩子慢慢长大，姐姐身上的很多问题开始显现，最开始的表现是早上不愿意起床，怎么叫都叫不起来，而且非常抗拒穿衣服。起初，她以为孩子只是耍小性子，不愿意上学，并没有将此事放在心上，如往常一样打扮两个女儿。直到有一天，吃过晚饭后她开始收拾，突然听到了妹妹的哭声，她赶忙出来看，发现姐姐正在踩自己的衣服。捡起衣服后，她把姐姐狠狠地批评了一顿。

事后，她开始思考这件事。联想起之前姐姐的行为，她问姐姐是不是不喜欢现在的这些衣服。姐姐没说话，但是点了点头。之后，她把姐姐带到了服装店，让姐姐自己挑选喜欢的衣服，然后她发现姐姐选的衣服都是一些偏中性的衣服。看着姐姐试穿衣服时脸上的笑容，她才意识到自己以前的想法过于想当然了。

从那之后，她再也没有强迫两个孩子穿一样的衣服，每次买新衣服前也会分别询问两个孩子的意见，在其他事情上也是一样。她和我说，自从这样做之后，她发现家庭里的欢声笑语多了很多，两个孩子之间的关系也比之前好了。

世界上没有两片相同的树叶，自然也不会有两个完全一样的孩子，即便最相像的同卵双胞胎也会有很多不同之处。所以，父母不能以自己的思想去界定孩子的需求和想法，更不能将一个孩子的需求和想法套在另一个孩子身上。

身处多孩家庭，了解每个孩子的个体需求是父母的责任和义务。如果为了省事，就认为每个孩子的需求都一样，批量式地满足孩子的需求，从某种意义上来讲，这就是不负责任的表现。为了让每个孩子充分地活出自我，也为了家庭关系更加亲密、和谐，父母应该多花时间和精力关注每个孩子的个体需求，给每个孩子特别、专属的爱。

6.3　手足感情，需要"刻意"培养

父母平衡多孩关系的"第三驾马车"是注重孩子们之间手足情的培养。

有人说，父母留给孩子最好的"礼物"就是手足。一来在成长的道路上，有兄弟姐妹作伴，互相分享心事，孩子不会感到孤单；二来等到父母老去，孩子们可以互相陪伴，成为彼此的依靠。但有些时候，现实总是和期待背道而驰。现实生活里，不知有多少兄弟姐妹之间矛盾冲突不断，总是为了一点事情吵得不可开交，有的甚至到最后老死不相往来，连陌生人都不如。

原本应该抱成一团的兄弟姐妹为何最终会变成一盘散沙？归根结底，还是因为父母只想到了给孩子多一个亲人，却忽视了培养孩子们之间的手足感情。

也许有人会质疑，兄弟姐妹本就是一家，天然就有割舍不断的感情，还需要培养吗？世上没有与生俱来的感情，就连亲子关系都是在后天的相处中培养出来的。换言之，虽然

兄弟姐妹之间因为天然的血缘关系无法割舍，但在成长的过程中，如果不主动维系和培养感情，孩子们之间恐怕很难建立起浓厚的情谊。

因此，为了不违背自己的初衷，让孩子们真正成为彼此的依靠，父母在陪伴孩子成长的过程中应该注重培养孩子们之间的手足感情。

6.3.1　教孩子互相照顾，打好感情基础

大部分多孩家庭的父母肯定都有过这样的感受：有了弟弟妹妹之后，老大的行为好像退化了。比如：原来明明可以自己吃饭，现在却要求父母喂；以前明明可以自己穿衣服起床，现在却央求父母帮他穿衣服。如果遭到拒绝就会哭闹，甚至撒泼。

每天要照顾尚在襁褓中的婴儿已经身心俱疲，明明该懂事的老大却在此刻无理取闹，很多父母面对这样的场景都深感无奈。

教育学家简·尼尔森曾说过这样一句话："孩子是异常聪慧的，他可以敏锐地捕捉到家里的变化、妈妈关注的转移，他很想找回之前受关注的状态，但因为思维能力有限，才会选择成人看上去不可理喻的方式。"由此可见，很多时候孩子

的行为倒退实际上是在向父母及家里突然多出来的"竞争者"宣告自己的主权，孩子都希望自己能被父母像之前那样对待。

很显然，这不可能。即便父母有意识地想要多关注老大，但时间和精力还是不可避免地会向弟弟妹妹倾斜。面对这种两难的局面，父母应该怎么办呢？

想要解决这个问题并不难，只需要适当地给老大强调他们作为哥哥姐姐的身份即可。通俗来理解，就是邀请老大和父母一起照顾弟弟妹妹。

比如，当弟弟妹妹哭了时，父母可以对老大说："小宝哭了，他想让你摸摸他，你愿意吗？"或者询问老大："妈妈这会要去给你和小宝做饭，你可以暂时陪一下小宝吗？"抑或给孩子们制造相处的机会，对老大说："小宝想让哥哥姐姐陪他一起玩玩具，你愿意吗？"

在这个过程中，我们可以不断地强调老大作为哥哥姐姐的重要性。比如，我们可以经常夸奖老大："你看，弟弟妹妹被你摸了一下之后马上不哭了，他一定觉得很舒服。""爸爸妈妈觉得你好棒，可以这么有耐心地陪弟弟妹妹玩耍。""你是妈妈最爱的小帮手，幸好有你，妈妈现在觉得轻松了许多。"

当老大因为照顾弟弟妹妹得到了父母的夸奖和认同时，他就会获得成就感和满足感，会更愿意照顾弟弟妹妹，手足之情也会在这个过程中逐渐得到升华。

当然，任何一段关系的维护都必须借助相互的力量。只靠一方单方面的付出是不现实的，作为父母，我们不仅要教导老大照顾弟弟妹妹，也要教导弟弟妹妹照顾、关心哥哥姐姐。

比如，我们可以对弟弟妹妹说："哥哥姐姐今天在学校好像被老师批评了，你去安慰一下，抱抱他/她好不好？""我们一块去帮哥哥姐姐整理书桌好不好？""妈妈倒了一杯牛奶，你给哥哥姐姐拿进去好不好？"

之后我们也可以夸奖弟弟妹妹，让弟弟妹妹也获得成就感和满足感，从而在家庭里给孩子们树立相亲相爱的意识，引导兄弟姐妹之间互相照顾、和睦相处。

当一个家庭里只有一个孩子时，很多事情只能父母做。但当一个家庭有多个孩子时，为了培养孩子们之间的手足情谊，父母可以分一部分事情给孩子做，让孩子体会到互相被照顾的感觉。如此在孩子看来，一个家庭里除了父母的爱，还有来自兄弟姐妹的爱，每个孩子的内心会更加富足，同时对兄弟姐妹的感情也会越来越深。

6.3.2　孩子犯错，父母要一视同仁

电视剧《知否知否应是绿肥红瘦》中有这样一段情节：受到好奇心的驱使，盛家三姐妹不顾宅院规矩，在父亲会客时偷偷躲到屏风后面偷听。由于地方较为狭小，三姐妹在互相推搡中摔倒在地，撞倒了屏风。父亲见到此番情景既震惊又生气，在众人面前扬言要严厉惩处，但最终却只惩罚了其中两个孩子，另一个孩子因为深受父亲偏爱而没有受到任何惩罚。

这段情节看得许多人非常生气，明明此次事故的"始作俑者"就是那个孩子，可她却凭着父亲的偏袒和自己的巧言善辩，没有受到任何惩罚，实在是很不公平。对于其他两个孩子而言，父亲这样的做法着实令她们感到心寒。此次事件也进一步加深了几个孩子之间的隔阂。

在许多多孩家庭中，为了培养孩子们之间的手足情谊，父母会刻意制造一些机会，让孩子们一起玩耍。可孩子们一旦玩耍起来就没有节制，很容易造成一些事故。比如：不小心打碎了家里的花瓶；不小心伤到了其中一个孩子；把家里弄得乱七八糟等。

通常情况下，为了公平起见，父母会把孩子们叫到身边，询问每个孩子刚才的经过，弄清事实真相，进而找到"第一

责任人"，然后对其进行批评教育。

这样做看上去很公平，而且每个孩子对此都不会有怨言，但无数的案例告诉我们，事实并非如此。很多时候，孩子为了不受到责罚，会在言语中放大其他人的错误，缩小自己的错误，甚至会互相推诿，把责任推给其他人。

这是人的本性，父母干涉不了。一旦孩子说谎或歪曲事实，各方说辞不一，父母很难分辨到底是谁的责任，最终很有可能会惩罚错人。如果出现这种情况，可想而知会造成什么样的后果。

与其大费周章地找到所谓的"第一责任人"，一视同仁的效果反而更好。父母不再纠结"第一责任人"，而是告诉孩子们因为是一起犯的错，所以也要一起受到惩罚。这样做有两个好处：一方面，孩子会因为受到一样的惩罚选择向父母说清事实真相；另一方面，孩子会在这种处理方式中体会到团结的意义，让孩子们学会互相监督和照顾。

或许有父母会认为，这种一视同仁的处理方式会让那个总是犯错误的孩子产生一种侥幸心理，进而变得更加没有规矩。事实上，父母不必过于担心，孩子远比我们想的要有羞耻心，当他发现因为自己犯错导致其他人都受到了惩罚时，他的内心就会感到羞愧，会逐渐调整自己。

同样地，父母也不必担心这种方式对没有犯错误的孩子不够公平。就像电视剧《知否知否应是绿肥红瘦》中的一位嬷嬷教育孩子们说的那样：“我今日告诉你一个道理，一家子的兄弟姐妹，同气连枝，共荣共损。即便你一个人没有错，但是你三个姐姐都错了，你没错也错。”父母要通过这种教育方式让孩子们明白他们是一个整体，应该互相监督、彼此鼓励，共同进步。

惩罚从来都不是目的，在多孩家庭中，如何让孩子们和睦相处才是父母最应该关心的事情。当孩子犯错时，父母不要贬低或认可某一个人，而是应该告诉孩子们：“错误是你们一起犯下的，所以你们要一起承担后果。”孩子会知道自己在父母眼中和其他兄弟姐妹是一样的，没有高低贵贱之分，这样孩子也不会在心里暗自妒忌对方，相处间才会更加和谐。

6.3.3　避免竞争和比较，弱化冲突

作为多孩家庭的父母，回想过往我们有没有当着孩子的面说过这些话：“这哪里难吃了，妹妹一大碗饭菜都吃完了，你怎么比妹妹还不如。”“哥哥像你这么大的时候都知道自己上厕所了，你现在却还需要妈妈帮忙。”……

很多父母在有了几个孩子之后，在养育孩子的过程中，总是习惯性地会将几个孩子进行比较，似乎想让比较差的那

个向比较优秀的那个学习。但比来比去，事情却并没有朝着心中所想的方向发展，有时还会让孩子们心生嫌隙，相互妒忌，从而产生各种摩擦和碰撞。这和很多父母在决定组建多孩家庭时，想给孩子在这个世界多几个亲人的想法不免背道而驰。

我曾听一位父亲讲起过他们家真实发生的一件事情，这位父亲说在这件事情发生之后，他再也不敢在家里随意将两个孩子进行比较了。事情是这样的，他们家老大语言发育比较好，差不多1岁半的时候就已经会基本表达了，但是弟弟快2岁了，口齿却还是很含糊。

他和妻子经常在家里当着两个孩子的面对弟弟说："哥哥像你这么大的时候，可早就会自己要吃的了，你怎么还不会呢？"他说自己的这种行为完全是无意识的，事实上弟弟根本也听不懂，所以父母也没有想过这句话会带来什么样的后果。

直到有一天，两个孩子因为一个玩具产生了冲突，哥哥扯着嗓子冲弟弟喊道："你也太笨了吧，我像你这么大的时候，早都会说话了。"原来弟弟听不懂的话，哥哥不仅听懂了，还记在了心里，关键时候还会拿出来宣扬。这位父亲说，当时弟弟还小不懂事，如果弟弟年龄大一点，兄弟俩肯定会打起来。

　　但凡接触过亲子教育相关知识的父母肯定都听过这样一句话："不要拿自己家的孩子和别人家的孩子作比较。"别人家的孩子不行，自己家的孩子当然也不行。对于被比较的孩子来说，无论别人家的孩子，还是自己的兄弟姐妹，带来的伤害都是一样的。而且从某种意义上来说，被频繁地和自己的兄弟姐妹进行比较，造成的后果会更严重，一旦他想要报复，很有可能造成手足相残的局面。

　　身处多孩家庭，父母可以引导表现不好的孩子向表现好的孩子学习，但不能用言语比较两个孩子，尤其不能捧高踩低，这是绝对不允许的。作为多孩家庭的父母，我们要齐心协力把家变成温暖有爱的港湾，而不是充满竞争的场所。

6.3.4　抓住冲突契机，深化手足情谊

　　虽然我们强调在多孩家庭要尽可能地减少孩子们之间的冲突，但冲突是不可避免的，只要是有人在的地方就会有冲突的存在。即便是相处得再融洽的大人，偶尔也会产生冲突，何况是不懂事的孩子呢？

　　谈到孩子们之间的冲突，我以往接触过的很多父母的本能反应都是隔绝，一旦发现孩子们之间有什么不好的苗头产生，父母会迅速地把孩子分开，然后分别进行安抚。这种做

法的确能很快地平息孩子们之间的矛盾和冲突，但如果过早地隔绝也会失去培养手足感情的良好契机。

那么，当孩子们发生冲突时父母应该怎么做呢？我认为可以分三个阶段来处理孩子们的冲突，即观察、介入、安抚。

第一阶段，观察。当孩子们发生冲突时，在保证孩子们安全的情况下父母先不要过早地介入，尝试着让孩子们自己解决问题。很多时候，孩子们比大人想象得更会解决冲突。

综艺节目《妈妈是超人》中的一位妈妈在这一点上做得就很好，当时两个儿子正在和妈妈一起和面，准备包饺子，不知怎的突然吵了起来。哥哥和弟弟一直在言语攻击对方，换作一般父母，在此时可能会言语阻止两个孩子，或者把其中一个孩子抱走。

但是这位妈妈没有，她一边若无其事地干着自己手里的活，一边用余光瞥了一眼两个孩子，并没有搭理两个孩子。弟弟频繁地看向妈妈，想要寻求妈妈的帮助，但妈妈似乎没有看见，弟弟委屈地哭了起来，到这时妈妈都没有介入两兄弟之间的争吵。

妈妈是什么时候介入的呢？她在瞥见弟弟想要动手打哥哥，而哥哥举着手随时准备还手之时抬起头来，把弟弟拉到了自己怀里，阻止了兄弟俩接下来的行为。

第二阶段，介入。在孩子的冲突关系中，父母介入的最佳时间点是肢体伤害产生之前。

在这一阶段，父母不需要过多地做什么或说什么，只需要把两个孩子分开，然后任由两个孩子各自充分发泄自己的情绪，哭也好、撒娇也罢，父母只要接受即可。这样做是为了给予两个孩子情感上的认同，让孩子知道自己的情绪是正常的，同时学会慢慢地稳定自己的情绪。

待孩子的情绪慢慢稳定下来，父母对冲突关系的干预即可进入第三阶段，即安抚。在该阶段，父母需要帮助孩子表达出自己的感受，比如，对哥哥说："刚才弟弟抢了你的擀面杖，你不高兴了对吗？"抑或对弟弟说："哥哥认为你是在瞎玩，你觉得不对，是吗？"

在帮助孩子表达出自己的感受之后，父母要帮着两边说好话，比如，对哥哥说："你一直都是弟弟的榜样，弟弟看你做得那么好，他很羡慕呀，也想像你一样，擀出一张完美的饺子皮呀。"同时对弟弟说："你抢了哥哥的擀面杖，哥哥感到生气是很正常的呀，但是你想一下，你以前抢哥哥的玩具的时候，哥哥是不是都大方地让给了你。所以你怎么能伸手打哥哥呢？对不对？"

很多时候，只要有人能够理解孩子的感受，孩子心中的气愤就会迅速减淡，这时候父母可以想办法给两个孩子制造相处的机会，同时把选择的权利交给两个孩子。比如，父母可以对哥哥说："弟弟已经知道他做错了，他很内疚，想要跟你和好。但他有点害羞，不知道怎么和你说，我们现在准备去读绘本，如果你觉得你的情绪稍微好一点了，你也来加入我们好吗？妈妈需要你给弟弟讲一下其中的故事。"如此，给予两个孩子充分的尊重，可以让两个孩子的关系迅速修复到冲突之前。

解决一切矛盾、冲突的最好做法就是让孩子们相亲相爱，当孩子们之间没有芥蒂时，所有的难题都会迎刃而解，或者说难题根本就不会存在。身处多孩家庭，父母要充分地利用一切机会，学会在合适的时间做合适的事情，在帮助孩子们深化手足感情的同时让整个家庭的关系也变得更加亲密、和谐。

第7章
修复亲子关系："四原则"

　　许多父母常常因为破裂的亲子关系黯然神伤，他们迫切想要改变这种现状却又无从下手。如何做才能修复亲子关系中的裂痕，让不良的亲子关系得到改善？父母需要掌握并践行四大原则。

7.1 原则一：身教

父母修复亲子关系的第一个原则是做好身教。

一天下班后，我搭乘地铁回家。当时我身旁坐着一位抱着孩子的年轻妈妈，她拿着一本书正旁若无人地读着，而她怀里的孩子也侧身捧着一本儿童绘本，看得津津有味。

在不远处，另一位母亲怀里的孩子却正捧着手机看得投入。那位母亲频频看向我身边的这一对母子，犹豫了好一会才走上前来问道："我想请问一下，您是怎么说服您的孩子阅读而不是看各种电子设备的呢？"

我身边的这位母亲显然有些愣住了，片刻之后，她笑了笑，回应道："不用说什么呀，孩子不就是有样学样？"这下换前来询问的那位母亲发愣了，她露出了一个略微有些尴尬的笑容，道了一声谢之后便离开了。

很多时候，父母发现孩子身上有一些不好的习惯，或是没有达到自己的预期，第一反应是对孩子进行说教，虽然贯彻了"言传"，却忽视了身教的重要作用。事实上，教育孩子这件事，绝不是父母怎么说，孩子就会怎么做，而应该是父母怎么做，孩子才会学着怎么做。许多事情只有父母自己先做到了，才能影响孩子，也才有资格要求孩子，这就是我们常说的身教。

身教是教育孩子时应遵循的原则，也是改善不良亲子关系需要践行的第一个原则。

7.1.1 你是什么样，你的孩子就是什么样

中央电视台曾播放过一则名叫《有样学样》的公益广告，视频中的孩子往天桥底下扔棒棒糖棍；骂骂咧咧地朝车窗外扔废弃塑料瓶；在景区的石柱上刻自己的名字；闯红灯过马路……

如果我们出门在外看到这样的行为，心里一定会想："这些小孩未免也太没有素质了吧！"的确，在这则广告里，这些孩子之所以做出这些举动，是因为在孩子的身边，父母先做出了这样的举动。而这些孩子，只是在模仿父母的行为。

《后汉书》中说："以身教者从，以言教者讼。"这句话的大意是说：如果用自己的实际行动教育别人，大家就会心悦诚服，然后跟随；如果只是用言语空泛说教，大家不仅容易充耳不闻，甚至还会与说教的人发生争吵。

对此，深以为然。我见过不少父母一边教孩子背诵"粒粒皆辛苦"，一边习以为常地浪费着粮食；一边给孩子讲着"孔融让梨"的故事，一边争先恐后地挤车抢座；一边教孩子要与人为善，一边不断和别人发生冲突……诸如此类的矛盾言行比比皆是。到头来，这些父母还抱怨孩子不听话，哪怕自己的嘴皮子都磨破了，孩子也依旧不听，甚至还和自己吵架。

事实上，父母根本不需要向孩子灌输这么多道理。父母应该明白，在教育孩子这件事上，知识可以言传，但除知识外的很多素质、能力、品质却更多地依靠身教。父母想让孩子学会珍惜粮食，就要在生活中做到不浪费粮食；父母想让孩子学会谦恭礼让，就要在生活中做到礼让他人；父母想让孩子学会与人为善，就要在生活中做到与人和气相处。

同样，父母如果要让亲子关系得到改善，在生活中还应该妥善处理其他关系，让其他关系成为亲子关系的表率，在实践中教会孩子怎么和别人相处。只有自己做到之后，再去要求孩子，孩子才更容易欣然接受。如此，孩子才能更好地感知那些道理，并将其运用到自己的一言一行中。

如美国作家詹姆斯·鲍德温所说："孩子永远不会乖乖听大人的话，但他们一定会模仿大人。"父母是孩子的第一任老师，这个道理我们在还是孩子的时候就已经知道。如今，当我们成为父母时就应该明白，自己也是孩子一生中最重要的教育资源之一,我们必须严格规范自己的行为,让自己成为孩子的榜样。

7.1.2 　"计划 + 沟通",让身教落地生根

父母的正向身教的确可以在很大程度上让教育发挥作用,帮助孩子更好地成长,同时使得不良亲子关系得到改善,这一点毋庸置疑。

不过也有一部分父母向我反映,很多时候身教根本就是用来约束父母的。明明父母已经严格要求自己做到最好了,但孩子却还是跟不上父母的脚步,并且只要父母稍一松懈,孩子就会偷懒、应付。

比如,有一位父亲曾告诉我,他为了锻炼孩子的身体素质,决定每天早起 1 小时,陪孩子跑步锻炼身体。起初,受到父亲身体力行的影响,以及好奇心和新鲜感的驱使,孩子还能够坚持。但没过几天,孩子的惰性显现后就坚持不下去了。这时,父亲心中的怨气骤然而生:自己辛辛苦苦提早 1 小时起床陪孩子锻炼身体,已经尽力做到最好,孩子却烂泥扶不上墙。

这种情绪一旦爆发,无疑会给亲子关系带来更为严重的影响。

可见，身教理解起来很简单，无非是父母在要求孩子做一件事情时自己要先做到，为孩子做好表率。但再简单的事情如果不讲究策略，最终的效果也会大打折扣，甚至直接为亲子关系的和谐带来危机。如何做才能让身教真正达到为孩子带来有效正面影响的效果？父母可以借助以下两大方法。

1. 制订明确的计划

想让身教的效果更好，父母需要制订明确的计划。这个计划可以是给自己制定的，让孩子参照模仿，也可以直接为孩子制定。

比如，父母希望孩子每天都能划出一定的时间用来阅读、学习，就可以制订一个明确的时间计划，规定从什么时间到什么时间是学习时间，每天只要一到这个时间，就邀请孩子一起读书，非必要的情况不得间断。

同时，为了让孩子克服自己的惰性，减少其他诱惑对孩子的影响，父母还可以制定相应的奖惩措施，比如，坚持多少天就可以得到什么奖励，坚持不下去就会有什么样的惩罚。不过需要注意，无论奖励还是惩罚，都不能只针对孩子一个人，自己也应该遵守规则，这也是身教的一部分。

有计划的身教，父母和孩子一起养成一个好习惯，不仅能够让孩子形成规则意识，更好地成长，而且孩子还会因为父母的陪伴和指引，对父母的感情更加深刻。

2. 建立持续的沟通

除了制订严格的计划，想让身教的作用更大，父母还需要和孩子建立持续性的沟通。一来让孩子知道父母这么教育自己是为了什么；二来父母可以实时地了解孩子的想法，有针对性地调整自己的策略，从而有效避免因家庭教育引发的亲子冲突。

以阅读为例，父母在做好表率的同时还应通过交流的方式告诉孩子阅读的目的是什么，以及如何更好地去阅读。在阅读完毕之后，父母还可以与孩子交流想法和收获。这样做一方面可以让孩子体会到阅读的乐趣，让他的印象更加深刻；另一方面，也能够帮助孩子建立对世界的认知，同时拉近亲子间的距离。

比起只会一味地让孩子跟着自己做一件事的行为，父母主动和孩子建立持续的沟通更能让孩子体会到来自家庭的温情。通过这种循环往复的交流，也可以让父母和孩子更了解彼此，从而有效改善不良亲子关系。

真正的家庭教育，不是耳提面命，更不是声嘶力竭地质问孩子为什么不按照自己说的那样去做，这种做法只会激化亲子矛盾，导致亲子关系更加恶劣。作为父母，我们应该明白身教的意义，在教育孩子时，自己先做好表率，再辅以一些策略，从而让不良的亲子关系得到有效改善。

7.2 原则二：信任

父母修复亲子关系的第二个原则是信任孩子。

信任孩子是增进亲子关系的重中之重。在孩子成长的过程中，只有父母首先充分信任孩子，孩子才能信任父母，父母和孩子之间才能形成好的亲子关系。

否则就会像我遇到过的很多学员一样，总是苦恼于自己说什么孩子都不听，而且孩子也根本不愿意和自己交流，孩子内心的很多想法宁愿告诉老师，也不愿意回家和父母沟通。曾有一位母亲就向我抱怨说："我倒是想好好地和孩子交流，可他不给我机会啊，要么不理我，要么一两句话就吵起来了。"

通常孩子拒绝和父母交流内心的感受，都是源于不信任。因为不信任，所以不敢把自己内心的真实想法告诉父母。但是父母应该明白，在成长的初期，孩子对父母几乎抱有无条件的信任，只是一旦父母有行为让孩子察觉到父母不够信任自己，孩子对父母的信任也会逐渐消耗殆尽。到那时，亲子关系必然会受到损害。

　　处于这种境况中的父母，想要改变现状，就要遵循改善不良亲子关系的第二个原则——信任，即信任自己的孩子。

7.2.1　不信任孩子的三大表现，你中招了吗

　　许多父母在听到我说亲子关系出现问题，有很大一部分原因是父母不够信任自己的孩子时，会提出质疑："我可从来不会当着孩子的面说'我不相信'这样的话。"这些父母以为，不对孩子说"我不相信你"就没有问题，反正孩子也感受不到。

　　事实真的如此吗？孩子真的感受不到父母是否信任自己吗？换位思考，如果上司对我们说他很信任我们，但却总是用带着质疑的口吻和我们沟通，有重要的工作也很少交给我们，你还会认为他是真的信任我们吗？

　　孩子对他人语气、情绪等方面的感知，其实比很多大人都更灵敏，而且因为孩子与父母相处的时间长，所以孩子更能轻易察觉出父母的情绪状况。这也就是说，哪怕父母嘴上不停地重复着"孩子，我相信你"，但只要言语或行为中透露出了不信任的情绪，孩子总能轻易地捕捉到。

　　父母不信任孩子却不自知，是导致亲子关系出现问题的

"罪魁祸首"。那么，生活中父母有哪些表现意味着对孩子的不信任呢？

1. 当面一套，背后一套

有一些父母虽然嘴上说着"你自己的事情自己安排"，但对孩子的言行却总是抱着一种质疑的态度，甚至几次三番地用言行刺探。比如，在孩子写作业时趴在门缝偷看，还时不时地以送水果或牛奶的名义去"打探"情况。

这种做法就体现了父母对孩子的不信任，表面上说着要给孩子自由的空间，实际上却通过各种方式监控着孩子的一举一动。

我曾经就遇到过这样一对父女，有一次女儿在做作业时遇到一个不认识的单词，就用手机查询了词典，正好被父亲撞见。父亲上前询问，女儿和父亲解释说自己是在查英语单词，父亲随口应了一句"好的"，可之后却拿起手机反复查看，似乎就想抓住女儿用手机玩游戏的证据。

这位女儿告诉我，类似的事情经常发生，父亲总是这样，很多事情说了他又不听，听了他又不信，信了又要质疑，长此以往，自己干脆就什么事情都不和父亲交流了。

相信孩子并不是嘴上说说而已，父母应该从心底信任孩子，规避"当面一套，背后一套"的做法，否则一旦孩子察觉到这种不信任，就会对父母产生抵触情绪，还会有意地

"防"着父母，拒绝和父母沟通自己的近况。

2. 不允许孩子尝试

某次活动，现场的父母围绕"该不该让孩子帮自己做家务"这件事情展开了激烈的讨论。

有的父母说应该，尽管孩子还小，但是也要让他对父母每天做的事情有一定的认知，要让他知道家里的地不是本来就这么干净的，饭也不是轻轻松松就能做好一大桌的……哪怕孩子做不好，也要让他有意识，这有利于培养他的独立性。

不过也有很多父母说不应该，因为孩子还小，很多事情对他来说有一定的危险性，而且许多事情就算让他做了，到最后自己还要再做一遍，还不如自己做，这样还能有更多的时间来陪孩子学习、玩耍。

双方争论了许久也没有得出一个结论，最后将目光投向了我。我没有正面回答这个问题，而是挑了一位对此持反对意见的母亲，问她不愿意让孩子做家务的原因，她回答我："因为我心疼孩子啊，他年纪还很小，我怕他有危险。"

我说："这不是根本原因，根本原因是你不信任自己的孩子，你不相信他有足够的能力可以做好一件事。"

因为不信任孩子有做某件事的能力，所以干脆什么事情都帮孩子做好，哪怕只是穿衣服、穿鞋这样的小事，也不愿意让孩子进行尝试。在孩子成长的初期，他可能会认为父母这样做是为他好，是心疼他，可是待他长大，有了自己的独立思考，就会意识到父母不允许自己做一些事情是认为自己做不到、做不好。慢慢地，父母对孩子能力的不信任，会让孩子对自己的能力产生怀疑，同时对父母更加依赖，最后极有可能会形成过度依恋的亲子关系。

3. 对孩子的错误放任不管

不信任孩子的表现，除了以上提到的两点，还表现在父母在孩子犯错后不敢对孩子进行正面教育的情况下。我接触过很多这样的父母，因为担心直接和孩子沟通他犯过的错误会刺激到孩子，让孩子产生心理阴影，所以如果不是很严重的错误，父母会刻意忽略掉。名义上是怕给孩子的心理留下阴影，说到底还是不相信孩子有足够的心理承受能力，不认为孩子能够直面自己的错误。

这一点很多父母可能都意识不到，就连我本人也是在犯过一次这样的错误之后才有了深刻的意识。我记得那是一个假期，我带着女儿去亲戚家玩，亲戚家里有一个三岁的小女该，比我女儿小一岁。一开始她们玩得挺愉快，可是突然间，两个人因为争抢一个玩具娃娃吵了起来，女儿为了抢到那个娃娃，推了妹妹一下，虽然下手不重，但妹妹还是因为站不太稳摔倒在地上。

当然，最后这件事以大人的介入解决收尾。事后我因为担心为此批评女儿会给她造成伤害，会让她认为我在强迫她作为大孩子一定要让着小孩子，所以我选择了忽略此事，想着等她大一些，自然会明白这些道理。

但当类似的事情再一次发生的时候，我才知道原来我错了。如果放任孩子犯过的错误不管，时间长了，小错误也会变成大错误，到那时再想纠正也纠正不过来了。况且孩子的承受能力未必有我们想得那么脆弱。

我们应该意识到，只有当孩子的具体行为受到了教育、指正时，孩子才能够清楚地知道自己的做法是错误的，在以后遇到类似的情况时才能想到不该再犯。相反，如果我们因为不信任孩子而选择不教育孩子，就会对孩子建立正确的是非观带来不好的影响，这样既不利于孩子的成长，也不利于之后的亲子教育。

综上，就是常见的父母不信任孩子的三种表现，作为新时代的父母，我们要学会给孩子真正自由的空间，跟随孩子的思维，适当地退后一步，或许会收获不一样的惊喜。

7.2.2　尊重＋鼓励＋依赖，迅速建立信任关系

不信任孩子不仅会破坏亲子关系，还会对孩子的身心健康造成极大的危害，让孩子的内心极度缺乏自信和安全感，

变得畏畏缩缩，不敢尝试。

　　著名教育家陶行知先生曾经说过："教育孩子的全部秘密，在于相信孩子。"信任孩子，我们应该怎么做呢？我总结了 3 种建立亲子间信任关系的做法，父母在和孩子相处时可以借鉴。

　　1. 尊重孩子，理解孩子的选择

　　当前，有许多父母会打着"爱"的旗号将自己的意愿和想法强加给孩子，名义上是为了孩子好，本质上就是不信任孩子，不相信孩子有足够的分辨能力能进行正确的选择。

　　事实上，孩子远比我们想象的要聪明。他们能够辨别好与坏，哪怕因为年纪尚小，经历和经验都不够丰富，但有些事情只要孩子经历过一次也就都知道了，而且孩子有自己的人生路，有些挫折和伤害是孩子必须要经历的，他们会在这种经历中慢慢成长。反倒是父母，如果一直把孩子庇护在自己的羽翼之下，就会让孩子缺少锻炼，最后等孩子长大，吃的亏可能更大。到那时，孩子或许还会反过来责怪、埋怨父母，父母就成了"吃力不讨好"的人。

　　因此，在孩子对世界有一定的认知，对事物有一定的辨别能力之后，父母就应该学会放手，让孩子自己做决定。哪怕父母担心孩子做错选择而受到伤害，也应该认真聆听孩子内心的真实想法，帮助孩子分析当前的局面，告诉孩子不同的选择会产生什么样的后果，然后让孩子自己去权衡，同时告诫孩子必须为自己的选择负责。

在教育孩子的同时让孩子体会到来自父母的尊重，会让孩子更信任父母，更愿意对父母敞开心扉。

2. 鼓励孩子，相信孩子的能力

孩子因为年纪还小，对很多事情的认知都不够全面，尤其是主动认识自我的机会与能力都不足，孩子认识自己的过程更依赖外界的评价，尤其是父母的评价。

如果父母事事都表现出对孩子的不信任，孩子就会对自己的能力产生怀疑，本来很有信心的一件事情，也会因为父母的不信任失去一部分信心，原本能做到的事情也不愿意去做，甚至最后真的做不到。

所以，父母不妨多鼓励孩子，言语中向孩子表明自己相信他有足够的能力可以做成一件事。当孩子在父母的鼓励和信任之下做成了一件事时：一来孩子会对自己的能力有一个新的认知，不断激发自己的潜能；二来孩子对父母的信任和依赖程度也会更深一些，原本不良的亲子关系也可能因为这一个小小的鼓励就能得到改善。

3. 依赖孩子，倾诉自己的心事

孩子因为不信任父母，所以不愿意把自己的内心世界同父母分享，正如我们对一个人不够信任，也不会想要把内心真实的想法告诉他，这是人之常情。反过来，如果对一个人无条件信任，我们就会非常愿意和对方进行内心深处的交流和碰撞，向对方倾诉，询问对方的看法和意见。

也就是说，赢取孩子的信任并不一定要把关注点与主动权全都放在孩子身上，有时候也可以以我们自身作为切入点，主动尝试和孩子交流自己内心的想法。比如，今天上班遇到一件比较棘手的事情，我们就可以对孩子说："爸爸/妈妈今天上班遇到不开心的事情，你可以安慰一下我吗？"或者和孩子交流过去的事情，比如，把自己读书时候的事情讲给孩子听，和孩子讲述爸爸和妈妈是如何相识、相知、相爱的……

很多事情我们都可以讲给孩子听，把孩子当成一个大人，和孩子诉说自己的心事。这样做不仅可以帮助孩子更全面地认识这个世界，还能让孩子体会到被依赖和被信任的感觉。当一个人被另一个人信任和依赖时，他也会不自觉地想要亲近对方。这样一来，亲子间的信任关系就建立起来了。

给孩子信任感，并不是要每一天都把"孩子，我信任你"挂在嘴边，而是应该从一些小事中体现出对孩子的信任。只有让孩子真实地感受到父母对自己的信任，孩子才能重新信任父母，亲子间的信任关系才能真正建立起来。

7.3 原则三：欣赏

父母修复亲子关系的第三个原则是欣赏孩子。

美国著名教育家罗森塔尔在考察某学校时，曾做过这样一件事情：他从每个班级随意地抽取了 3 个孩子，共计 18 人，然后把这 18 个孩子的名字写在一张纸上交给了校长，并对校长说："这 18 个孩子经过测试，智商都非常高。"

半年后，罗森塔尔回到该学校，他发现半年前被选中的那 18 个孩子在学业上都取得了很大的进步。原来，因为校长和老师对罗森塔尔十分信任，相信他选中的孩子一定都是优秀的人才，所以在平时的生活和学习中不断地给予这些学生鼓励和支持，帮助孩子取得进步。这 18 个孩子也因为自己被罗森塔尔选中而感到振奋不已，所以拼命努力，不断进步。

这就是教育学界著名的"罗森塔尔效应"。罗森塔尔用这一个实验证明了赏识和期待对一个孩子的重要性，告诉大众在养育下一代的过程中要多给予孩子肯定和鼓励。

可生活中并不是所有的父母都能够意识到"欣赏"的重

要性，很多父母不仅不欣赏孩子，甚至还信奉"打击教育"，试图在不断的打击中激发孩子的好胜心，促使孩子取得进步。但现实往往是父母越看不到孩子的优点，就会变得越来越郁郁寡欢；孩子则会因为父母看不到自己的优点而变得闷闷不乐。在这样的背景下，双方都渐渐失去动力与信心，亲子关系也会渐行渐远。

父母想要改善不良亲子关系，就要改变自己的观念，学会欣赏自己的孩子，这也是改善不良亲子关系要遵循的第三个原则。

7.3.1 欣赏孩子，你真的做对了吗

一位母亲曾问我："我的女儿学钢琴有四年了，平时在家里弹得挺好的，老师也说她比较有天赋，但她就是不敢上台，不管怎么说都不愿意，我该怎么办呢？"

待她说完后，我问她："你有问过你的女儿为什么不愿意上台吗？"她说："我问过了，我问她是不是紧张，她也就点点头，那我就安慰她每个人都有第一次，没关系的。安慰的话我也说，鼓励的话我也说，但就是没有任何作用。"

她焦急的状态让我很不解，我问道："你为什么一定要让你的孩子上台表演呢？"她说："因为我的女儿很优秀啊，优

秀就应该让别人看到啊！她现在这种不上不下的状态让我很不舒服，我得激发一下她的激情，让她往上走一步。"

我问："你真的是因为欣赏自己的孩子才想让她被更多的人看到吗？"她对我说："当然！不然我干吗那么使劲地想让她上台表演啊？"

虽然她嘴上承认了，不过在我的判断里，她并不是真正地欣赏自己的孩子。在她和我交流的过程中，我没有听过她告诉我她的女儿哪里优秀、怎么优秀，也没有表现出很兴奋的态度。反而总是在计较自己的孩子不像别的孩子那样那么活泼、大方，也不像别的孩子那样愿意表现自己。

这不是欣赏，而是挑剔，甚至有虚荣心在作祟。

生活中，有很多父母像这位妈妈一样，对孩子的欣赏并非发自内心。这些父母鼓励、赞美孩子，只不过是为了看到孩子取得比其他同龄人更好的成绩。这种欣赏和赞美一旦过度，无形之中会给孩子增添巨大的压力，如果孩子长期处于这种被压迫的环境之下，就会变得越来越郁闷、消极，总有一天会承受不住。

当孩子承受不住的时候，孩子就会把矛头对准压力的来源，即自己的父母。到那时，亲子之间势必会爆发无数的争吵，亲子关系也必定受到影响。

在生活中，哪些欣赏孩子的方式是错误的呢？我总结了比较常见的三种。

1. 笼统地夸赞孩子

不少父母曾和我说，自己几乎每天都会夸赞自己的孩子，但孩子对此极为漠视。孩子并没有因为父母的欣赏取得进步，亲子关系也没有因此得到改善。

我问这些父母平常都是怎么表达对孩子的欣赏的。他们的回答几乎都在我的意料之中，无非"你真聪明""你真棒""你太可爱了"等这一类比较空泛、笼统的词语。

这种欣赏方式在孩子年纪尚小时可能还比较管用，能够满足孩子的"虚荣心"，但是等孩子慢慢长大，这样表达欣赏的方式对孩子来说就不太受用了。因为这种极为笼统、无指向的方式，会让孩子意识到父母并不是真的在关注他们，说出口的欣赏只不过是敷衍了事，这会让孩子非常没有成就感。渐渐地，孩子就会丧失做某件事的激情。

2. 忽视孩子细小的进步

与无论孩子做什么事情都会给予孩子夸奖的父母相反，有一些父母非常吝啬对孩子的欣赏，只有在孩子取得突出进步的时候，才会略微表达几句对孩子的欣赏。

举一个例子，孩子上一次考试考了 70 分，这一次考试考了 85 分。孩子进步了吗？很显然，分数增加了 15 分。但是有一些父母就是看不到这其中的进步，不仅如此，甚至还会责怪孩子为什么没有考到 95 分，为什么不拿到 100 分。

孩子本来因为自己取得了进步而感到高兴，想要获得父母的认可，但是父母却害怕孩子因些许努力就沾沾自喜，不仅吝啬对孩子的夸奖与称赞，反而故意质疑孩子不够努力，甚至还不断"泼冷水"，想以此方式来督促孩子取得更大的进步。

这样做的后果就是孩子会因为总是达不到父母的要求而变得越来越自卑，看不到自己每一步细小却重要的进步，逐渐迷失自我。而且如果在孩子成长的过程中，被父母忽视的点滴进步在别人的口中得到了肯定，孩子就会对父母产生一些别样的情愫，会在内心深处离父母越来越远。

3. 以别人家的孩子作为参照

我还见过一些父母，在表达对孩子的欣赏时，总是会带上别人家的孩子。比如，有的父母会经常和孩子说："这次表现不错，但是比起 ××× 还是差了点，继续努力。""这次考得还可以啊，那 ××× 呢？是你的分数高，还是他的分数高。""今天这一遍弹得还可以，老师说你表现得比 ××× 好。"

不管孩子的表现好还是不好，这些父母都要将孩子和别人家的孩子进行一番比较。在这些父母看来，孩子是要夸，但不能太直接，否则会让孩子变得骄傲自满，所以在夸孩子时顺带和别人家的孩子作比较，能够激励孩子进步，避免孩子自满。

但是，当这些比较之语到孩子的耳朵里时，孩子会认为父母不够重视自己的表现，更关注其他孩子，似乎不管自己做什么，表现好还是不好，最终好像都只是为了和别人家的孩子进行一番比较。这会让孩子感到郁闷、厌烦。

错误地表达对孩子的欣赏既不利于孩子的成长，也会给亲子关系带来不利的影响。我们既然要表达对孩子的欣赏，就应该依照正确的方式。

7.3.2 欣赏孩子的"三原则"：具、细、全

通过上文，我们知道欣赏孩子也会存在一些错误的方式，不走心、不合时宜的欣赏对于孩子来说是一种压力，会带来适得其反的效果。

于父母而言，仅仅意识到欣赏孩子的重要性还远远不够，我们还要知道什么样的方式才是欣赏孩子的正确方式，如何欣赏孩子才能让孩子感到开心、幸福。

结合我的经验，父母在表达对孩子的欣赏时应该遵循以下三个原则。

1. 欣赏孩子要具体

拒绝笼统的夸赞方式，首先要从丰富表达欣赏的词汇开始。父母在欣赏孩子时要发挥语言的艺术，对孩子的行为进行总结，结合具体的优秀品质，让孩子明白他们具体是因为什么才被认可的。

比如，孩子在规定的时间内完成了学习任务，我们就可以对孩子说："你真是一个规则感很强的孩子，这样非常好，在以后也要记得守时哦！"当孩子每天坚持练习 1 小时的钢琴时，我们就可以对孩子说："你每天都坚持练习，很自律，也非常有毅力，这是一种非常不错的品质。"当孩子在和弟弟妹妹玩耍，主动给弟弟妹妹拿玩具，带着弟弟妹妹一起玩时，我们就可以对孩子说："你表现得真棒，非常有担当，妈妈很欣慰。"

结合具体的情境对孩子加以欣赏，更具有真实性，同时能够增强孩子内心的力量。当孩子从父母这里得到了真实的赞美时，孩子会更愿意和父母保持好的关系，这将为改善不良亲子关系提供极大的有利条件。

2. 欣赏孩子要细微

有的父母因为害怕孩子骄傲自满，所以总是很吝啬给孩子投去欣赏的眼光，只在孩子取得突出进步的时候才会夸赞一番。但在孩子成长的过程中，并没有那么多进步非常突出的时刻，每一次小小的进步也有其重要的意义。比起大的夸奖，孩子更需要这种来自生活点滴的夸奖，这会让孩子感受到爱，感受到自己被认可的成长，会让孩子变得更有成就感、更加自信。

正如著名教育家苏霍姆林斯基说的那样："从孩子进学校的第一天起，老师和家长就要善于看到，并且不断巩固和发展他们身上的好东西。"

比如，当我们发现孩子在做作业时，比之前专注的时间更长了一点，我们可以夸赞他："你今天做作业的时候专注的时间比昨天又多了5分钟，妈妈很为你高兴。"发现孩子今天吃饭没有把饭弄撒，我们可以说："今天吃饭没有把饭撒到桌子上，你很棒哦！"孩子考试取得了进步，我们可以说："这次考试语文比上次进步了3分，表现很棒。"

父母对孩子都抱有殷切的希望，但罗马不是一天建成的，孩子也不可能在短时间内成长到足够优秀。在理想的状态到来之前，父母要欣赏孩子从0到1的点滴进步，鼓励孩子不断朝着好的方向发展。同时父母也要明白，这些点点滴滴的欣赏和赞赏可以让孩子和父母之间的关系更加亲密与和谐。

3. 欣赏孩子要全面

很多父母只会在孩子表现好的时候给予赞赏和鼓励，比如，当孩子自己独立完成了作业，抑或考试取得了不错的成绩时，父母会表扬孩子很棒。但是当孩子表现不够好或者没有取得好的成绩时，父母就不会表扬孩子，甚至有的父母还会责备、埋怨孩子。

这种"以结果为导向"的做法用在工作中，可以很好地激励员工向前进步，但若用在亲子教育上，只会让孩子变得越来越功利，认为自己在父母的眼里只是一个用来炫耀的工具，只有当自己取得好成绩时，父母才会称赞自己，在平时父母根本看不到自己为做成某件事而付出的努力。

一旦产生这样的想法，孩子就会对父母产生抱怨，甚至怨恨的心理。这种心理带来的后果有两种：要么孩子为了做成某件事情不择手段，只是为了得到父母的夸奖；要么破罐子破摔，全然不顾及父母的感受。这两种行为无论哪种都非常不利于亲子关系的发展。

所以，父母在对孩子表示欣赏时，除了要对孩子达到的既定结果表示肯定，还应肯定孩子为之付出努力的过程。比如，我们可以对孩子说："你这次做得很棒，最终的结果也很不错。但比起结果，我更看重的是你为之付出努力的过程，你身上那种坚持不懈的精神是爸爸妈妈都要学习的。"

哪怕孩子遭遇失败，我们也要表达对孩子的欣赏，这时我们可以说："虽然这一次的结果不是很好，但我们看到了你一直以来的付出和努力，哪怕遇到再大的困难也没有放弃，这种品质我认为比一个好的结果更重要，妈妈为你感到骄傲。"

这样的欣赏和夸奖不仅能让孩子学会正确地面对成功和失败，还能让孩子感受到来自父母的发自内心的关怀和爱，这将给孩子的成长带来莫大的帮助。

除了上述提到的三点，父母在表达对孩子的欣赏时还应保持客观的态度，不要事事都将孩子和别人家的孩子作比较，这一点也是非常重要的。

欣赏孩子是一种情怀，更是一种技巧。在表达对孩子的欣赏时，父母应该放下自己的偏见和标准，站在孩子的角度看问题，客观地看待孩子身上的优点和缺点，挖掘孩子身上值得欣赏的地方，在引导孩子变得越来越优秀的同时，让不良亲子关系得到质的改变。

7.4 原则四：感谢

父母修复亲子关系的第四个原则是感谢孩子。

父母要感谢孩子这件事，我是在一场婚礼上顿悟的。多年前，我去参加同学婚礼，在双方父母致辞的环节，同学父亲这样说道："我要感谢我的女儿，感谢她选择我做父亲。是她让我体验到那种无私的付出和爱，也是因为她的到来，我的内心才变得更加坚定。是我的女儿教会了我如何做一个好爸爸！"这段话留给我的印象实在太深刻，尽管很多年过去，我依旧记得格外清楚。

自古以来，我们受到的教育无一不在强调孩子要对父母表达感谢，因为父母给了我们生命，把我们养大成人。但是很少有人告诉父母："你们需要对孩子表达感谢！"于是，很多父母都忘了是因为有了孩子自己才成为更坚强的父母这一事实，他们无私地奉献、付出，为了孩子甘愿放弃一切，但却忘了对孩子说一句感谢。

任何一段关系，感谢都是相互的，在亲子关系中亦是如此。如果永远都只是孩子在感谢父母的付出，父母对孩子的付出与影响却视而不见，时间一长，再亲密的关系也会因此出现裂痕。

在孩子成长的过程中，父母除了教会孩子感谢他人，自己也要学会感谢孩子，这也是改善不良亲子关系的第四个原则。

7.4.1　再亲密的关系，也要表达感谢

前两天和朋友聚餐，我意外地发现以前几乎烟不离手的他竟然戒烟了。我忙问他是怎么做到的，没想到他和我说："这事还得感谢我的女儿。"

原来，他的女儿在学校听老师讲了吸烟的危害之后，回家就严肃地"教育"了他一顿，让他戒烟。他本来并没有当回事，但不好拂了孩子的好意，还是笑嘻嘻地答应了。几天后，女儿再次撞见他抽烟，居然气哭了，还指责他："你不让我吃垃圾食品，说对身体不好，你自己还不是在这里抽烟。"

朋友哑口无言，从那时起下定决心开始戒烟。

听到这里，我问朋友："你和我说要感谢你的女儿，但是你把这些话当面讲给你女儿听了吗？"他说："没有啊，小孩子有什么好感谢的。"

生活中大多数父母都是这样，即便在心里非常感谢孩子，但也绝不会当着孩子的面表达出来。他们可以感谢上司、同事、朋友，但唯独很少对包括孩子在内的家人直接表示感谢。

父母不对孩子表达感谢，无外乎两个原因：一是认为没必要，这一类父母认为自己为孩子付出了全部，所以孩子感谢自己、对自己好是理所应当的，是对父母的回馈，所以没有必要特意感谢孩子；二是觉得不好意思，这一类父母认为孩子是自己的晚辈，感谢孩子这样的话说起来未免有些难以启齿，所以也不会当着孩子的面说感谢。

抱有以上想法的父母没有意识到，感谢在某种程度上来说对孩子也是一种激励。

我们来想象一个画面：晚饭过后，孩子看妈妈有些疲惫，于是提出自己可以洗碗、收拾餐桌。A 家庭的妈妈感到很惊喜，但她除了应允一声之外，再没有任何反应；而 B 家庭的妈妈则不同，她先是冲孩子竖了一个大拇指，然后非常欣喜地说："宝贝，谢谢你！你真的太棒了，你是看到妈妈有些累，所以想要主动洗碗，对不对？"

两种不同的回应方式，带来的结果自然也不同。A 家庭的孩子看到妈妈淡漠的反应，会认为妈妈看不到自己的付出，内心有些失落，甚至为此伤心，之后再有类似的时刻，他可能就不会提出要帮妈妈分担家务了，反正妈妈也看不到，亲子间的关系可想而知会变得越来越差；B 家庭的孩子则会因为妈妈的感谢和赞赏变得积极性十足，在之后的生活中更加愿意主动帮妈妈分担家务，亲子间的关系也会变得越发亲密、和谐。

B 家庭的妈妈大声地表达对孩子的感谢和赞赏，这种做法在本质上属于一种正向反馈，这种正向反馈能够让孩子感知到自己所做的事情是有意义的，能够让孩子找到存在感和价值感。当孩子不断地从父母这里收获到存在感和价值感时，亲子关系自然也会愈加和谐、紧密。

父母为孩子付出、牺牲，孩子孝顺、尊敬父母，这些看起来都是天经地义的事情。但是天经地义不代表不应该表达感谢，父母需要更正这一观念，在生活中积极向孩子表示感谢，用正向反馈为亲子关系带来正向的引导。

7.4.2 感谢孩子，你应该做这三件事

教孩子说"谢谢"很多父母都会做，父母会通过在平时和孩子相处的过程中对孩子说"谢谢"，然后教导孩子当受到别人的恩惠时要对别人说"谢谢"。当孩子听到父母对自己说"谢谢"时，不管是多么细微的一件事情，孩子的脸上总会洋溢着开心的笑容，然后郑重其事地对父母说一句："不用谢。"

孩子会因为父母一句简单的感谢发自内心地高兴，但很多时候父母向孩子表达感谢却并不是发自内心，父母对孩子说"谢谢"，只是为了教育他懂得在外时也要向他人常说感谢，而非真的感谢孩子。

养育孩子的时间越长，我越发觉得孩子带给我的东西远比我们给他的多。所以在教育孩子学会感谢的同时，我们也应该发自内心地向孩子表达感谢，这不仅仅是教育孩子，也是为了让孩子和自己更亲近。

应该怎么做呢？我总结了以下三个方面的内容。

1. 感谢孩子的大度

没有人生来就会做父母，有孩子前，我们都只是自己，有了孩子以后，我们才成为了父母。从这个角度来讲，无论孩子还是父母都是被动的。

我们要意识到，在教育孩子的过程中，我们可能也会犯错，会误解、冤枉孩子，但是孩子却因为爱父母，很少将其放在心上。比如，我在前文提及的林永健冤枉儿子贪小便宜，在误会解除之后，林永健向儿子道歉，儿子马上说了一句"没关系"。

孩子在小的时候，对父母的感情更多地是依恋，极少会因为一两句责怪或误会就怨恨父母，孩子对父母的大度是很多父母对孩子都做不到的。

所以，林永健在误解孩子之后马上向孩子道歉，这个做法是非常可取的，但是还不够。我认为除了向孩子道歉，他还应该表达对孩子的感谢，谢谢孩子的大度，谢谢孩子不责怪父亲。

这样做也是为了消除亲子之间形成的裂痕，因为孩子嘴上虽然不怪罪父亲，但心里感肯定是难受的。此时如果父亲表达对他的感谢，一来可以让他内心的难受很快地消解，二来可以让他知道父母也会犯错，在之后的相处过程中，亲子之间一旦发生冲突，他也能够比较客观地看待，亲子关系也会在这种感谢之中变得更加亲密、和谐。

2. 感谢孩子的付出

父母对孩子的付出，孩子应该表达感谢，同样，父母也应该在接受孩子的关心与付出时表达感谢，这是一种双向的情感维护。

我知道，可能会有许多父母认为生活中根本没有什么值得对孩子表达感谢的事情。其实，一时间找不到并不代表生活中没有发生过，这只能说明这么认为的父母平时没有细心观察，也没有静下心来细细体会过和孩子相处的细节。生活中，小到我们回家时，孩子的一声问候，帮我们把拖鞋摆好，倒上一杯热水；大到父亲节、母亲节等各类节日，孩子亲手给父母制作的贺卡或礼物，这些都值得我们对孩子表达感谢。

生活中并不是没有值得感谢孩子的时刻，只是有些父母没有发现。

常把发自内心的感谢挂在嘴边，孩子会成长得更加优秀与自信。其实感谢孩子不仅仅是感谢孩子，当父母在生活中对孩子的点滴付出表达感谢时，孩子也会有样学样，学习如何表达对父母的感谢，在此过程中，亲子关系自然也会在有来有回的感谢中得到改善，变得更加亲近。

3. 感谢孩子无条件的爱

有孩子以前，我曾听家庭教育专家说："孩子爱父母远胜过父母爱孩子。"说实话，当时我对这句话是持怀疑态度的，但在我自己有了孩子，尤其是养育了孩子这么多年后，我对这句话当真深信不疑。

印象非常深刻的一次，因为女儿表现不好我责怪了她，我有些愠怒地对她说："今天的表现，我只能给你打 90 分，你知道你哪里表现得不好吗？"

女儿没有回我的话，反倒沉默了一会儿，突然对我说："妈妈，你的工作每次都能打满分吗？打不到也没关系，我还是很爱你，你仍然是我的 100 分妈妈。"

我不知道五岁的女儿是从哪里学到这些话的，我只记得当时的我感到非常震撼与愧疚。我们总是会因为孩子表现不够好、分数考得不够高而责怪孩子，可是孩子并不会因为我们表现不好而责怪我们，这是我从女儿身上体会到的无条件的爱。

在这个世界上，有一个人可以无条件地爱着我们这件事，难道不值得我们表达感谢吗？如果一直不表达感谢，这份爱虽然不会消失，但会不会渐渐地变淡呢？

对孩子表达感谢，并不意味着父母要向孩子低头，这样做只是为了更靠近孩子，是为了在父母和孩子之间架起一座桥梁，让彼此之间的情感交流更加顺畅。

最后，我想借花献佛，把作家刘瑜说过的一段话献给大家："我想，应该被感谢的是孩子，是他们让父母的生命更'完整'，让父母的虚空有所寄托，让父母体验到生命层层开放的神秘与欣喜，最重要的是，让父母体验到尽情地爱——那是一种自由，不是吗？能够放下所有戒备去信马由缰地爱，那简直是最大的自由。作为母亲，我感谢你给我这种自由。"

后　记

敲下本书的最后一个字，我的内心很久都无法平静下来。回首这一路走来的历程，个中滋味只有自己知道。这十多年我经历过无数的辛酸与坎坷，放弃的念头在我的脑海中闪现过一次又一次。很多时候，我都在心里想，要不算了，干脆回归自己的老本行，安心做一位别人眼中吃穿不愁、受人尊敬的人民教师。

但是，当我看到父母们那一双双炽热无比、交织着无奈和期待的眼睛时，我深知肩上的担子还很重。此时此刻，我正走在一条任重道远的路上，我必须履行我的职责和使命。

事实上，提笔创作本书还有另一个更为直接的原因。前不久，由我撰写的《亲子关系中的高效学习法》在出版之后受到了诸多关注。许多父母对我说，那本书中所提及的教育方法实操性非常高，不仅帮助他们有效提高了孩子的学习成绩，还帮助他们解决了很多之前不管用什么方法都解决不了的问题。

他们的肯定给予了我莫大的鼓舞，也让我的内心越发笃定。但与此同时，也有一些父母向我提出了新的问题。

有父母向我提出，目前他们比较在意的除了孩子的学业问题，还有和孩子之间的关系。让我印象非常深刻的是一位父亲，他说："想要帮助孩子提高学习成绩并不难，只要父母肯在这件事上多花费时间和精力即可。但是想要建立好的亲子关系却并非一件易事。当前的社会充满了复杂性和多样性，孩子可接受到的事物实在太多，很多事情根本不受我们的控制。再加上现在的成长环境让每个孩子都具有足够的自主性，只要父母的哪一句话、哪一件事没有让孩子满意，孩子就会对父母心生不满甚至怨恨。孩子和父母关系不好，纵使父母把孩子教育得再优秀，又有什么用呢？"

事实上，从我个人的经验来看，没有好的亲子关系，亲子教育根本不可能成功，因为孩子从来都只会听他喜欢的人说的话，向他喜欢的人学习。

换言之，对于每一个家庭而言，构建好的亲子关系都是一件重中之重的事情，它是亲子教育的基石，在亲子相处的过程中，要想所有的问题得到圆满地解决，必须依托好的亲子关系。

在和一些父母进行过深度的交流之后，我决定动笔撰写本书，对影响好的亲子关系构建的几大主要因素进行更有深度的剖析，帮助更多的父母解决亲子关系问题，建立好的亲子关系。

事实上，我研究亲子关系已经多年，此前也独创性地提出过"双动力学习系统"，从幸福自动力和幸福家动力这两个角度诠释了父母如何做才能在保证孩子学习成绩优异，让孩子茁壮成长的同时，还不会影响到家庭和谐。如果有对这部分内容感兴趣的读者，可以阅读我的另一本书《亲子关系中的高效学习法》，里面有关于"双动力学习系统"的详细说明。

尽管我对这个行业如此熟悉，之前也撰写、出版过多本和家庭教育相关的书籍。但在撰写本书的过程中，我还是遇到了一些困难，也有搁置不前的时候。是我周围的人给予我鼓励和帮助，在这里我要对他们一并表示由衷的感谢。感谢他们的一路陪伴，给予我源源不断的动力和勇气，让我坚定地走下去。

另外，我要谢谢此刻正在阅读本书的你，感谢你选择了这本书，感谢你读到了这里，倾听我在写作本书时的心路历程。希望本书没有让你失望！

最后，惟愿每一个家庭都能充满欢声与笑语！

姜囡囡

2023 年春